U0926734

构建组织立体执行力

张钧 著

中国财富出版社有限公司

图书在版编目（CIP）数据

构建组织立体执行力 / 张钧著 . —北京：中国财富出版社有限公司，2021. 5

ISBN 978 - 7 - 5047 - 7240 - 4

Ⅰ. ①构… Ⅱ. ①张… Ⅲ. ①企业管理—组织管理学—研究 Ⅳ. ①F272. 9

中国版本图书馆 CIP 数据核字（2020）第 174712 号

策划编辑 谢晓绚 责任编辑 邢有涛 李 如

责任印制 尚立业 责任校对 卓闪闪 责任发行 杨 江

出版发行 中国财富出版社有限公司

社 址 北京市丰台区南四环西路 188 号 5 区 20 楼 邮政编码 100070

电 话 010 - 52227588 转 2098（发行部） 010 - 52227588 转 321（总编室）

010 - 52227588 转 100（读者服务部） 010 - 52227588 转 305（质检部）

网 址 http：//www. cfpress. com. cn 排 版 宝蕾元

经 销 新华书店 印 刷 宝蕾元仁浩（天津）印刷有限公司

书 号 ISBN 978 - 7 - 5047 - 7240 - 4/F · 3266

开 本 710mm × 1000mm 1/16 版 次 2021 年 5 月第 1 版

印 张 12. 75 印 次 2021 年 5 月第 1 次印刷

字 数 142 千字 定 价 49. 80 元

序

重新认识执行力

早就知道张钧先生在研究组织立体执行力问题，我读完《构建组织立体执行力》样书后很高兴。一是高兴张钧这么多年孜孜以求，终于有了研究成果；二是高兴他从立体、全方位的视角，研究组织执行力，提出了许多新观点、新理念，让人对执行力有了一个全新的认识。

许多人认为，企业最重要的是管理，而管理最重要的是执行。执行力是领导者经常强调的，也是各类组织极其头疼的。关于执行、执行力的论文、著作有很多，都对执行、执行力进行了研究，给出了理论见解、执行力提升途径和经验等。本书从立体、全方位角度分析组织执行力困局的表现、原因和结果，进而提出了可操作的破解方法。本书中执行力三要素、战略执行力、文化执行力、战役执行力、立体执行力与人力资本、流程对组织立体执行力的影响、人员入口标准、招聘要考察三项基础指标、对离职员工要有温度地管理等观点对各类组织的人力资源管理都具有一定的指导性。

立体执行力的构建能够让组织更具整体性、系统性、协同性，逐渐呈现以执行为核心的组织文化、生态系统，进而促进组织效率全面快速提升。

认识张钧十几年了，常和他在一些相关论坛等活动中见面。每次见面他都会向我提出一些问题，从这一点可以看出他的钻研精神。他之所以被北京大学继续教育学院邀请到各类干部培训班讲授他的实战性研究成果，是因为他坚持工作就是学习，就是对一个个鲜活的案例的实证研究。张钧很年轻的时候就走上了管理岗位，没有太多的时间去学习和研究管理学理论，但他善于在实践中总结，在工作中思考，用总结、思考得出的经验去指导实践。本书正是源于实践、指导实践，并且具有很强实操性的力作，我真心为他高兴。

北京大学人力资源开发与管理研究中心主任

北京大学行政管理学系教授、博士生导师

中国人力资源开发研究会测评分会常务副会长

中国人才研究会副会长

2020 年 12 月

目 录

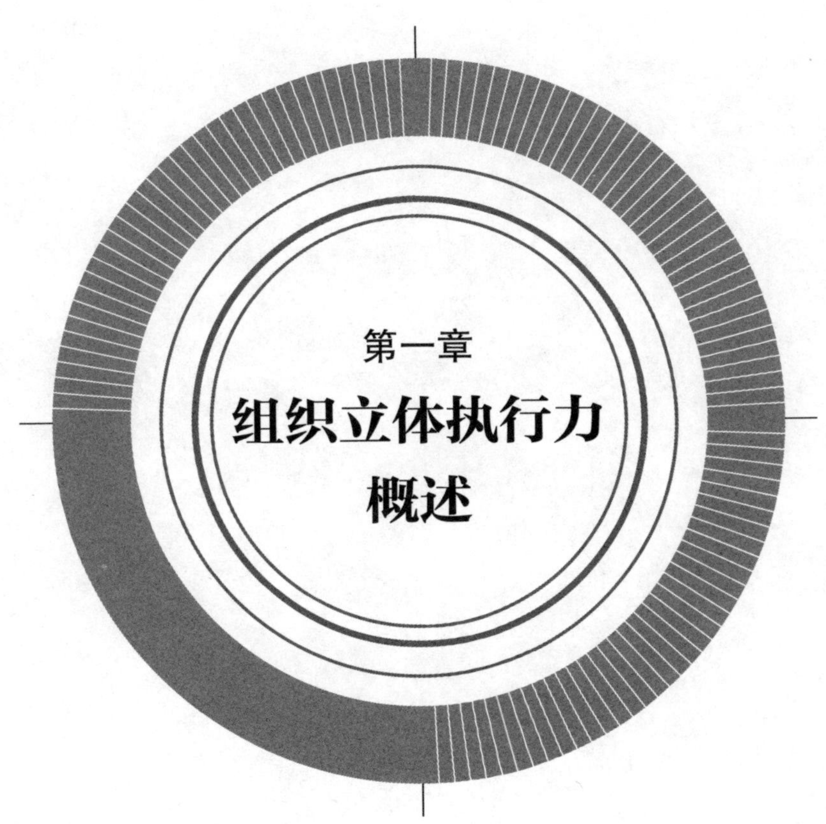

第一章 组织立体执行力概述

通常，组织都有明确的目标，能否达到目标取决于这个组织的执行力强弱。企业的目标是创造价值，能否创造价值取决于这个企业的执行力状态好坏。优秀的企业具备强有力的执行力。在今天这个VUCA时代[①]，在移动互联网高速发展下，如何让各层级、各部门、各岗位都协同一致奔向同一个目标，传统的执行力理论已经不能对此作出解答。立体执行力清楚地阐述了高层、中层、基层，个体、团队等组织元素如何从立体角度形成合力，保证组织目标的实现。

本章从组织执行力、组织立体执行力、立体执行力与人力资本、立体执行力与组织领导力、流程对构建组织立体执行力的影响等逐一展开论述。

一、组织执行力

组织执行力就是一个组织把目标变成现实的能力。通常来说，组织执行力由高层、中层、基层执行力构成。

---

① VUCA是Volatility（易变性）、Uncertainty（不确定性）、Complexity（复杂性）和Ambiguity（模糊性）的缩写。VUCA时代指的是变幻莫测的时代。

高层执行力——组织高层通过确定、分解、量化战略目标，调动、分配、协同资源，授权并落实层级目标，最终把组织战略变成现实的能力，主要包括战略执行力和文化执行力。

中层执行力——带领团队实现目标的能力。

基层执行力——每个人把事情做正确的能力。

组织执行力包含三要素：目标、协同、结果。

目标就是执行力施展的方向，有目标的引领才能保障执行时不会行差踏错。没有目标的组织就好比在大海中航行的船没有灯塔的指引无法到达彼岸。组织执行力就是按照目标的指引把战略变成现实。在企业创立初期，目标是极为重要的要素，一定要让员工有明确的奋斗目标，同时配置符合岗位要求的、具有较强执行力的人才。不仅要让员工有明确的目标，还要让员工都相信通过努力奋斗一定能够实现目标，如果员工都认为再怎么努力奋斗目标也实现不了，那这个目标就不能发挥引领的作用。

协同是形成组织执行力的基本要素，它能使组织中各团队的执行力与每个个体的执行力根据需要随时协同起来。没有协同，组织执行力就是平面的，无法彼此连接。特别是独立、弱小的个体，无法担当起实现组织目标的责任。团队执行力形成的过程最能体现每个个体的协同作用，团队中每个个体的执行力协同起来就构成了团队执行力。多个团队执行力的协同就构成了战役执行力，无数战役执行力就可以让企业不断接近战略目标。简单来说，协同就是企业上下一心。比如企业要不断创新、不断发明出可以促进企业业绩提升的新产品来抢占市场。新产品的诞生仅靠一两个人、一两个部门是很难做到的。

结果是执行的最终目的。没有结果的执行是无效的执行。在职场上，我一直认为要倡导功劳、鄙视苦劳，所谓“没有功劳也有苦劳”的说辞是不负责任的，有苦劳而没有功劳不仅不值得同情，还应该受到批评，因为白白浪费了资源、浪费了机会、浪费了时间。组织执行力就是以结果为核心、以目标为导向、以协同为手段的执行力。目标、协同、结果三要素搭建了组织执行力的整体架构，同时让企业距离目标越来越近，不断提升企业的价值。

可以说企业想要提高组织执行力，需要让执行力三要素逐渐深入员工内心，形成主动意识，最终融入文化执行力当中。

在著名的海尔 OEC 管理模式[①]中，组织执行力是精髓。OEC 管理模式是指每天对每个人、每件事进行全方位的控制及管理，从而实现日事日毕、日清日高的目标。例如，以高效执行结果为导向的每一天都要比前一天更靠近目标，每一天都要比前一天多节约资源。海尔 OEC 管理模式并非高深莫测，很多企业也都有类似的管理制度，但是它们大都停留在制度层面，没有执行到位。海尔 OEC 管理模式主要是把目标分解到人，人人日事日毕、日清日高，依照结果及时激励。想要落实到位、执行到底，就必须对每个人严格要求，

---

① O 代表 Overall（全方位），E 代表 Everyone（每人）、Everything（每件事）、Everyday（每天），C 代表 Control（控制）、Clear（清理）。OEC 管理模式是指日事日毕，日清日高。

只有一丝不苟地把各自负责的每一件事情、每一个环节都按照要求执行到位，才能收获好的结果。日本软银股份有限公司董事长孙正义曾表示：三流的点子加一流的执行力，永远比一流的点子加三流的执行力更好。海尔的企业文化是海尔成功的关键，而海尔企业文化的核心是执行文化。阿里巴巴造就了一个又一个神话，造就了许多千万富翁，无数辉煌的取得都源于阿里巴巴创业初期就逐渐建立起一支“铁军”，这支“铁军”战无不胜，在世界互联网行业进入寒冬时依然能突破严寒，创造奇迹。很多学者、企业家总结阿里巴巴成功的原因，都得出了一个共同的结论，那就是“铁军”的执行力绝对是一流的，很少能有与之匹敌者。

二、组织立体执行力

1. 什么是组织立体执行力

组织立体执行力是指一个组织从上到下、从内到外、从整体到个体在实现共同目标过程中形成的合力。组织立体执行力由战略执行力、文化执行力、战役执行力、团队执行力、基础执行力、个体执行力等共同构成。

（1）战略执行力。

战略执行力指组织为实现战略目标开展组织保障、人力资源配置、技术支撑、市场营销、协同作战、绩效考核等工作的综合能力。

对战略执行负主要责任的是组织的高层，具体表现就是高层要时刻把握方向，经常研究战略执行问题，使战略真正落地并最终实现；中层在战略执行上必须自觉，具体表现就是在实际工作中要时刻谨记组织战略，在制订部门工作计划时把部门的工作计划与组织战略密切结合；基层在战略执行中的具体表现是每个人心中都必须清楚组织战略，明白自己做的每一件事都是实现组织战略不可或缺的。

（2）文化执行力。

文化执行力指组织把战略变成全员的共同追求，把执行变成全员行为规范的能力。对文化执行负主要责任的依然是组织的高层，具体表现就是时刻清楚组织的价值观有没有出现问题或者偏差，员工的行为是否规范、有没有发生变异，特别是要保证干部队伍的价值观与组织的价值观保持一致；中层在文化执行上要起到模范作用，应该成为组织文化的标兵；基层在文化执行方面主要体现在组织文化的准则性，必须严格遵守组织的价值观和行为规范。

（3）战役执行力。

战役执行力指多团队协同一致完成重大项目的能力。现代企业应该引入战役概念，在移动互联网高速发展的 VUCA 时代，由若干团队协同实现目标成为常态，组织的协同能力已经成为组织的核心竞争力之一。战役执行力是企业实现目标的更高层面的保障，需要高度统一指挥、多个团队参与、高效协同作战。商场如战场，当今的许多商业竞争都需要引入战役概念，并灵活应用。

战役执行力是我提出的新概念之一，组织战略实现仅靠团队执行力是不可能的，有很多战略任务需要多个团队合作，协同作战。战役执行力需要高度整合企业内部各个团队的力量，让其在高层的统一指挥下协同完成战略性任务。战役执行力检验组织高层的指挥能力和全局意识，以及中层的作战能力。战役执行力更能全方位展现组织执行力的状况。

在战役执行力中，居于高层的帅、居于中层的将和居于基层的兵角色分明，都按照自己的角色承担不同的使命，执行不同的任务。在一场恢宏的战役中，帅是灵魂，帅是最高指挥，帅要站在最高点从战略上把握全局。将是引领队伍前进的旗帜，将是具体指挥者，将要运用战术智慧部署具体的战斗任务，要把一场又一场战斗打赢。兵是直接战斗者，任务就是把自己面前的对手打败。在一场战役中，每一个兵都必须用尽自己的力量去战胜对手，这才算尽到了兵的责任。帅是战役的核心灵魂，其一举一动都关乎整个战役全局。帅必须谋定而后动，不能盲目妄动，要充分发挥每一位将的智慧，调动全部资源、兵力，谋求全局的胜利，而不是局部战斗的胜利。将一方面要指挥所属的部队把战斗打赢，甚至还要冲在前面带领队伍冲锋陷阵；另一方面要及时向上级汇报战斗情况，给上级提供一线情报，帮助上级根据具体情况指挥全局，向上级报告自己的判断分析结果，把自己的想法随时分享给上级。战役中将帅不能错位，帅最忌讳的是越级指挥，把将弃之一边，这会造成极大的危害。

（4）团队执行力。

团队执行力是团队完成任务、实现目标的综合能力。团队执行力与团队凝聚力成正比。团队凝聚力是团队执行力的保证，多个团队执行力共同构成企业战役执行力。团队执行力源于明确的团队愿景和团队文化。团队愿景向上承接公司愿景，向下包容个人愿景。不管是优秀企业还是优秀团队，都能够很好地把个人愿景融入团队愿景中，把团队愿景融入企业愿景中，我把这种现象称为三级愿景融合（见图1-1）。愿景在企业发展中的作用非常重要，优秀企业不仅将三级愿景融合在一起，而且将其不断升华——由开始的利益共同体升华为事业共同体，事业共同体进一步升华为命运共同体，命运共同体再进一步升华为精神共同体（见图1-2）。

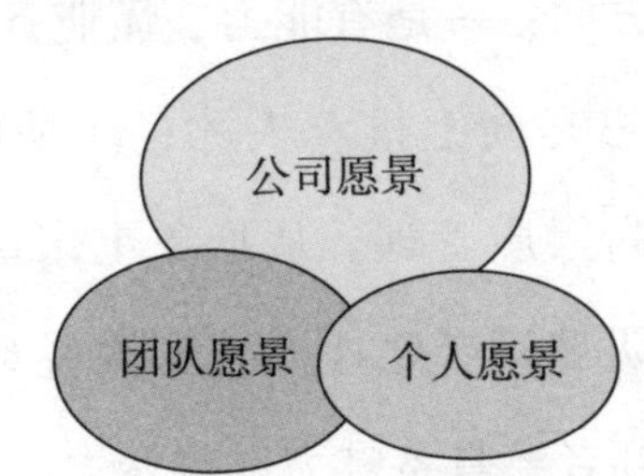

图1-1　三级愿景融合

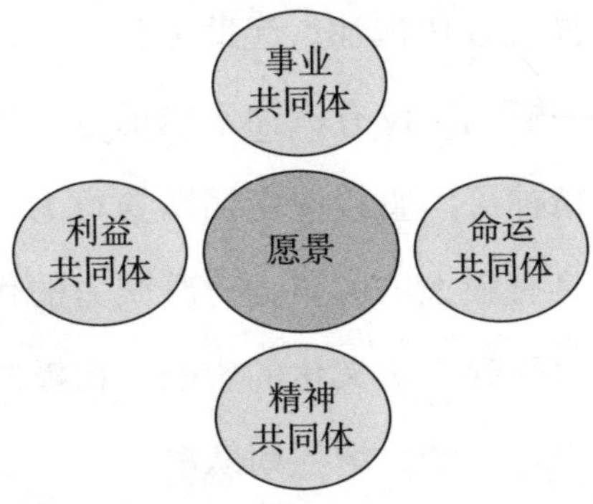

图1-2　愿景的终极作用

团队执行力受到团队带领者、团队精神、团队文化三大因素的影响。带领者优秀、齐心协力、文化鲜明的团队往往执行高效、绩效突出。高绩效团队具备以下十项特征：目标清晰；承诺一致；领导恰当；相互信任；团结互助；畅所欲言；互相倾听；强烈参与；各负其责；死心塌地。这十项特征都容易理解，其他均不用赘述，我只把领导恰当简单分析一下。团队领导一定不要把自己当成高高在上的领导者，而要把自己当成一群人的带领者。我强调带领，主要是因为带领更多地包含了与大家一起摸爬滚打的意思，这与通常讲的领导是有很大差别的。新生代们对团队带领者提出了新的要求。从职责上讲，有五个方面：一是有能力、懂业务；二是管理好团队，带领大家实现目标；三是向上推荐人才；四是做好上下左右沟通、各方关系协调；五是高素质管理。从形象上来讲，有两个方面：一是外在形象方面，团队带领者要让人感到愉悦和精神饱满；二是内在形象方面，团队带领者要具备魅力和凝聚力。

团队带领者要打造团队精神，建立团队文化。如果把团队比作一辆汽车，团队精神就好比汽油，起助力作用；团队文化就好比机油，起润滑作用。一辆汽车没有汽油不能前进，没有机油发动机就会磨损报废。团队精神可以直接决定团队执行力的状况。积极向上的团队精神使团队具有强大的凝聚力，凝聚力的作用通过执行力展现出来。团队执行力受到团队文化的影响，积极向上的团队文化助力团队保持高昂的奋斗热情，增强团队凝聚力。负面情绪是团队执行力的重要破坏因素。

（5）基础执行力。

基础执行力是保障公司正常运转的基本能力。健全的规章制度和流程是基础执行力的主要内容。规章制度的合理性、可执行性，流程的高效率、顺畅性、科学性决定了基础执行力的良好状态。基础执行力是一个组织的根基，良好的根基是组织发展壮大的基本条件。

公司的规章制度反映的是公司的治理能力，要与公司的实际情况紧密结合，要适应具体的情境。没有哪个优秀公司的规章制度适合所有公司。公司制定规章制度的目的是保证战略顺利执行。一切有可能不利于战略执行的规章制度必须扼杀在摇篮里。公司的规章制度必须根植于本公司的土壤，不能照搬其他公司的规章制度。只有根植于本公司土壤的规章制度才能符合实际情况，才能执行顺畅，才能发挥作用。公司规章制度是基于公司的发展需要，对公司在运营过程当中的某些方面进行规范管理而不断产生的。随着公司的不断发展，需要规范管理的地方越来越多，公司的规章制度也会越来越多，这个时候要注意的是防止公司的规章制度重复，特别是防止制度与制度互相掣肘。一旦发现不利于战略执行的规章制度，必须立即彻底清理。

流程管理本质上也属于制度管理。流程管理更多地体现在操作层面。科学、顺畅、高效是对流程管理的基本要求。制定流程要以有利于高效执行为标准，不能陷入越细越好的误区。我在大量的管理实践和企业管理咨询中发现，公司的组织架构常常影响甚至阻碍流程的运转。因此，组织架构要科学，要简化结构、扁平管理，凡能综合在一起的就综合在一起，尽可能少设置专项部门。

（6）个体执行力。

个体执行力是个体完成任务、实现目标的综合能力。我认为传统理论对个体执行力要素的认知是不够全面和准确的。传统理论认为执行力取决于意愿和能力两大要素。而在实际工作中，常常出现意愿和能力都没有问题，但执行的结果达不到要求，甚至执行的结果完全不是上级所需要的这一情况。这究竟是什么原因呢？研究发现，这是对所执行任务理解错误或者偏差造成的。执行的前提是把任务理解准确并得到确认，比如完成任务的标准、时间等。因此，我提出了个体执行力由意愿、能力、理解三要素构成这一观点（见图1－3）。

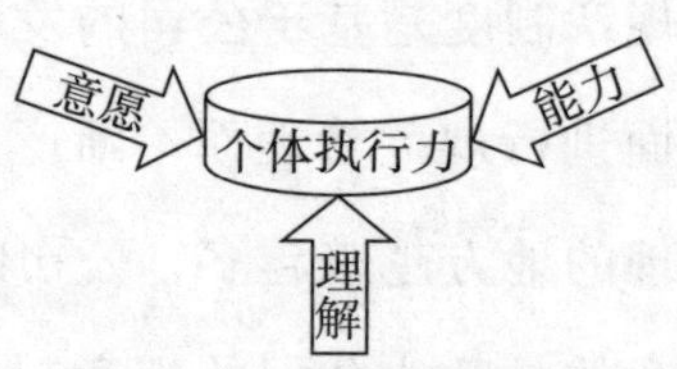

图1－3　个体执行力三要素

个体执行力是构成组织立体执行力的根本。组织执行力强弱取决于个体执行力强弱。构建组织立体执行力首先要打牢个体执行力这个基础。意愿、能力、理解就成为组织培养员工的重要抓手。提升员工的执行力要在意愿、能力、理解三要素的基础上，进一步训练员工逐步养成七个特质：一是主动找事情做、找工作干；二是在一个项目中总是积极推动，进度概念强烈；三是在面对几个任务时能够迅速按照轻重缓急排序，明确先干什么、再干什么、最后干什么；四是工作安排高效，时间计划紧凑合理；五是紧紧盯着目标，及时发现并校正偏差；六是习惯性学习、善于学习、学以致用；七是注重细节，追求完美。同时将执行前决心第一、成败第二，执行中速度第一、完美第二，执行后结果第一、理由第二的执行三大法则融入每个人的意识层。当一支又一支掌握执行力三要素、具备七个特质、遵守执行三大法则的员工队伍建立起来后，组织执行力就有了强大的基础，构建组织立体执行力就具备了充分的条件。

2. 组织立体执行力同心圆模型

如图1－4所示，由内到外从结构上来理解组织立体执行力同心圆模型：第一层（圆心）是战略执行力和文化执行力，战略执行力和文化执行力的责任主体是组织的高层；第二层是战役执行力，战役执行力的责任主体是中高层；第三层是团队执行力，团队执行力的责任主体是中层；第四层是基础执行力，基础执行力的责任主体是中基层；同心圆的最外层是个体执行力，责任主体是组织全体。同心圆的各层之间必须无缝衔接，无缝衔接必须要依靠高效协调。将组织的沟通协同机制、全体员工的沟通意识和沟通规范、组织文化的共同价值观以及我所倡导的执行力文化融入同心圆各层中，这个同心圆就形成了一个牢不可破、无坚不摧的立体执行力组织结构。

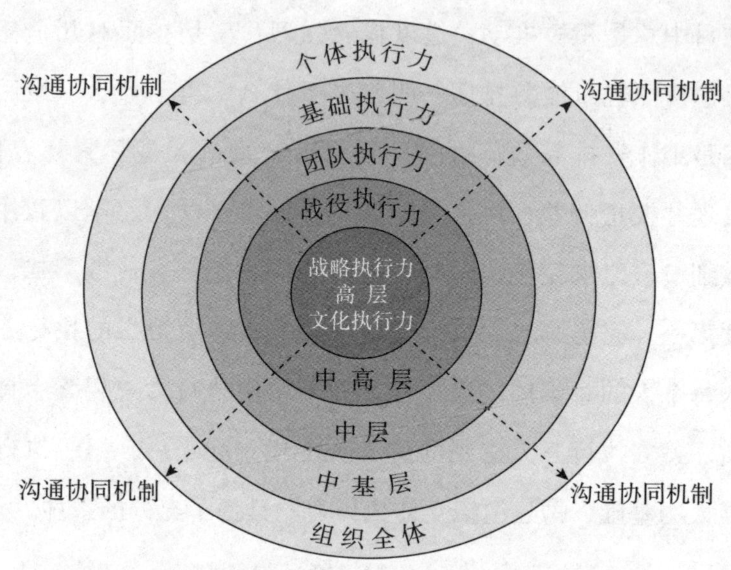

图 1-4　组织立体执行力同心圆模型

从该模型中可以清楚地看到，组织中各层级的执行力有比较明显的区别，这就要求组织对各层级人员执行力的培养目标明确、有的放矢，以提升个体执行力为起点，塑造所有员工以结果为导向的执行文化为企业正常运行的基础，塑造基础执行力、团队执行力。团队高效与否取决于团队执行力的强弱。团队是组织的一个单元，在组织的战略和文化旗帜下，要明确团队目标，塑造团队文化，把团队每个成员的个体执行力整合到一起，完成组织交付的一个又一个任务。团队执行力与团队带领者的领导能力呈正相关关系。衡量团队带领者领导力的三大指标是愿景能力、人格魅力、领导艺术。

组织立体执行力是我通过对多年领导实践的研究、探索、总结，基于组织执行力提出的更高层次的理念。组织立体执行力必须建立在组织执行力的基础上，没有组织执行力就不可能建立组织立体执行力。组织执行力是保障组织实现目标的根本力量。在组织执行力的基础上，构建起组织立体执行力，必将极大地增强组织把战略变成现实的能力。

三、立体执行力与人力资本

立体执行力的内核就是人力资本，执行力要通过人力资本的支撑才能发挥功效。一个企业并非一味地扩充人力库就可以强化执行力，而是要不断扩充人才库，才能稳固并强化执行力的内核，同时要发挥企业文化的作用才能让执行力和人力资源呈正比例增长。比例系数就是组织文化。

1. 人力库与人才库

受聘员工进入公司后首先进入的是人力库，能不能进入人才库取决于这个人有没有执行力。没有执行力的员工只能留在人力库。要将人力库转变为人才库就必须对人力库中的员工进行开发赋能。

对人力资源进行开发赋能有多种方法和途径。常用的方法和途径有内部培训、外部培训、自主学习、轮岗、压担子。这也是人力资源管理工作的重点模块，将在后面章节详细介绍，这里先做一下简单描述。

（1）内部培训。

内部培训是大多数公司开发赋能的常用方法。很多公司内部培训都是把业务能力提升、规章制度宣传及贯彻执行作为主要内容，这是不够的，是一厢情愿的，属于单向思维。业务能力提升的快慢取决于员工内驱力是否被激发，内驱力没有被激发的员工，就不可能积极主动学习业务知识，培训只能是被动地灌输，事倍功半。规章制度的宣传及贯彻执行也是如此。要想改变这种状态，让培训真正起到开发赋能的作用，要对员工进行企业文化培训，保证员工认同企业文化。员工认同了企业文化自然就会融入企业的活动，就会主动接受培训的内容。如果员工经过企业文化的培训，不认可企业文化，这种员工就必须解聘。

（2）外部培训。

外部培训也是很多公司采用的一种开发赋能方法。外部培训常常用于开阔视野、寻求经验、引发思考，关键是将培训所得结合公司实际举一反三，灵活运用。

（3）自主学习。

公司制定一定机制鼓励员工自主学习，自主学习使员工可以按照自己的知识结构和需求安排学习计划，更加个性化，更具针对性。

（4）轮岗。

轮岗是行之有效的开发赋能方式。轮岗一方面可以帮助员工找到更合适的岗位，发挥最大作用；另一方面可以让员工体会不同岗位的核心能力需求，全面提升自己。

（5）压担子。

压担子是最直接的开发赋能方法，能够把担子挑起来，能力往往会快速提升。我一直主张当下级基本达到提拔的要求时就及时提拔，甚至还没有达到要求的，有时也可以提拔，提拔前要深入沟通，明确指出其不足之处，要求其必须尽快改变。实践证明，这样提拔起来的干部往往成长很快，因为他知道自己的不足，而组织和上级对他寄予厚望，他会产生更强的内驱力。

2. 人力资本价值体现

随着人力资源的开发赋能，员工逐步具备了资本价值并不断增值，在公司里的价值越来越大。那么这种价值的具体表现是什么？其有两种表现形式，一种是执行力越来越强，另一种是具备了领导力（见图1－5）。执行力和领导力是人力资本价值的最终体现，具备了资本价值的人才在执行力方面常表现为上司交付的任务肯定会在规定时间内保质保量完成。也就是说具备了资本价值的人才的最大特质就是执行力强，超过其他人，其资本价值体现在执行中。这种人才的聚集无疑会使组织更高效，同时会提升组织的资本价值。现在已经有专业机构对人才的资本价值进行评估，也有金融机构认同人才的资本价值评估报告，并根据对人才资本价值的评估结果予以贷款等资金支持，帮助和引导人才创业。可以肯定地说，人力资本价值评估并货币化会激活海量的人才投入社会经济建设。

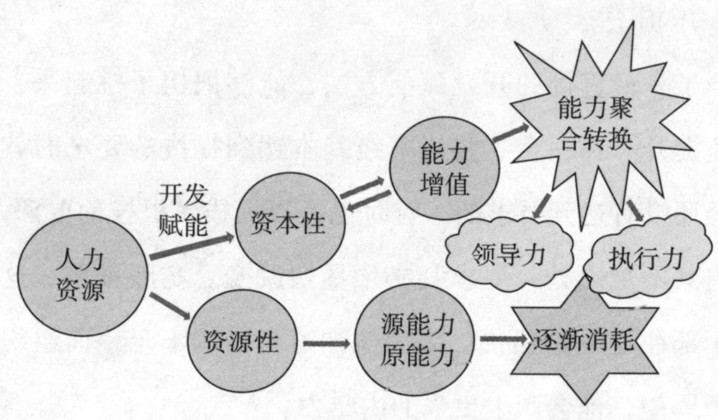

图 1－5　立体执行力与人力资本

3. 立体执行力让人力资本价值最大化

是资本就要让其价值最大化，如何让人力资本价值最大化？唯有立体执行力可以做到“1＋1＞2”。按照组织立体执行力同心圆模型，不同层级的执行力之间无缝衔接，在企业文化等的作用下，互相密切配合，形成合力。在实际工作中经常讲要合作，要实现“1＋1＞2”，可真实情况往往不是这样。在一般组织里，两个团队合作的效率往往比各自单打独斗的效率相加低很多，这里我们借用拉绳实验来进一步描述。参与实验者被分成四组，每组人数分别为一人、二人、三人和八人。研究人员要求各组用尽全力拉绳，同时用灵敏的测力器分别测量拉力，测量的结果出乎人们的意料：两人组拉绳力量为单独拉绳时二人拉力总和的95%，有5%的力量消失了，也就是不知道怎么就消耗了5%的力量；三人组少了15%；八人组少了51%（见图1－6）。人越多消耗的越多，其原因是每个人用力的方向都有偏差，哪怕只是一点点偏差，发力时点没有统一，没有在某个时间节点同时发力。立体执行力很好地解决了用力的方向、发力时点等问题，所以立体执行力是能够让组织中各层级执行力作用最大化的有效途径。

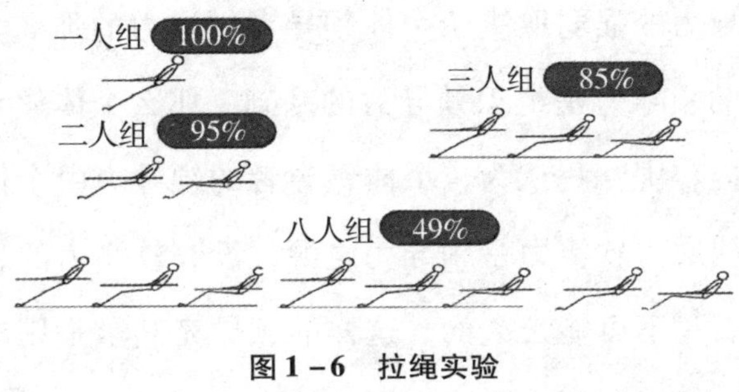

图 1-6　拉绳实验

四、立体执行力与组织领导力

如果没有组织领导力就不可能构建出组织立体执行力，而如果没有组织立体执行力，组织领导力的作用就很难达到最大化。组织领导力是依靠组织立体执行力去发挥作用的，组织立体执行力能够帮助组织领导力的作用达到最大化。

组织领导力是由高层领导力、中层领导力和基层管理能力组成的，组织领导力的内涵包括战略能力、管理能力、对人的影响力等。对一家企业来讲，中层干部队伍是组织领导力的重要力量。中层强则企业强，中层是中坚力量，中层既要带领好团队又要贯彻落实高层的指令。多年前我就认为一流的企业依靠中层，二流的企业依靠团队，三流的企业依靠优秀人才的个人能力。一个企业内有若干个团队，团队的优劣取决于团队领导者能力的强弱，能不能留得住团队里的优秀人才并发挥其价值，基本上也取决于团队领导者能力的强弱。

组织领导力的强弱取决于个体领导者领导力的强弱。也就是说个体领导者的领导力是组织领导力的基础。那么个体领导者的领导力包含哪些内容呢？我认为，个体领导者的领导力由个体软实力和个体硬实力构成。软实力是领导力之源，没有软实力的领导力就好比无源之水，是不可能长久的。这样的领导充其量是用岗位权力或者专业权力、规章制度去要求下属、约束下属完成工作任务。在这样的管理模式下，被管理的下属是很难甚至不能激发内驱力，也很难甚至不能产生主动性、创新性，执行力自然也不可能有突破。经过多年的研究，我认为，个体软实力以智慧和影响别人的能力为主要特征。个体软实力包含 16 项一级指标，这 16 项指标是愿景能力、做人能力、自我认知能力、沟通能力、识人能力、“处人”能力①用人能力、决断能力、感悟组织文化的能力、追随能力、关系构建能力、承受压力能力、前瞻能力、创新能力、处事能力、目标实现能力。一个具备了软实力的人就具备了担任领导者的重要能力。但这是不够的，最终能不能当好领导依然取决于结果，而结果取决于执行。

---

① “处人”能力，即与人相处的能力。

立体执行力必须建立在组织领导力的基础之上。没有组织领导力就没有组织立体执行力，组织领导力越强，组织立体执行力就越强。组织立体执行力增强以后，要求组织领导力与其相适应，也就是说，组织立体执行力会反作用于组织领导力，促进组织领导力提升。

五、流程对构建组织立体执行力的影响

企业会根据需要建立起各种流程，常见的有战略流程、HR（人力资源）流程、运营流程等。毫无疑问，流程对企业的规范管理非常重要。优秀企业建立的各种流程都非常顺畅、合理、科学、高效，而有些企业在流程构建上比较落后，跟不上时代发展，直接导致企业效益不高。表面看起来是流程不科学、不合理、不顺畅，但归根结底是这样的流程严重阻碍了立体执行力的建立和作用的发挥。组织立体执行力需要按照一定的流程来构建，科学、合理、顺畅的流程能有效强化执行力的构架，让执行力更加稳固。

战略流程的核心是落地，而不是高大上。制定战略的目的是贯彻落实战略任务。战略不仅要有方向，还要有内容，内容要尽可能细化，而且战略内容要能够实现。让领导和员工都坚信战略能够实现并且明白在战略实现的过程中自己可以得到收获尤为重要。战略的定位就是要做想做的、能做的、该做的。在设计战略流程的同时要兼顾品牌，包括打造企业品牌、产品品牌以及领军人物品牌。

HR 流程的核心是人岗匹配，而不是人多学历高。设计 HR 流程的目的是为岗位找到合适的人才，合适才是最佳，学历不是最重要的，最重要的是能力。选人的基础指标是个人执行力、责任感、沟通能力，核心指标是文化认同，世界观、人生观、价值观趋同。在这里提出“三观”趋同的观念，这是实际工作生活中普遍存在的。一个组织、一个企业，少则几十人、几百人，多则几千人、几万人、十几万人，要求大家“三观”相同是不现实的，在“三观”问题上也需倡导求大同存小异。组织中重要的资源是人力资源，本书后面章节还将从战略性人力资源管理的角度对人力资源配置与执行力做专门论述。

运营流程的核心是效率。运营流程比较宽泛，不同的企业有不同的运营流程，通常包括管理流程、业务流程、财务流程、市场流程、物流流程等。设计这些流程的目的是让部门各司其职，按照流程标准高效完成任务，高效就是最好的运营流程。

组织效率高的前提是与战略相匹配的科学合理的组织结构，组织结构与流程是否匹配也决定着流程能否顺畅。例如，有一家企业效率不高，请了一家比较有名的咨询公司帮助其进行业务流程再造，依然效率低下。后来我和这家企业的决策层共同找到的原因是流程问题解决了，组织结构与流程不匹配，导致新的流程不顺畅。从这个角度来看，组织结构必须服务、服从于流程。

现在很多企业都在提倡组织结构扁平化、缩短流程，让沟通更有效率、运转更顺畅。在一些企业内部，一件事居然要七八个人签字才能办理，本来半天能办完的事情可能需要一周甚至更长的时间。比如，某企业报销差旅费，处理的流程耗时往往长达数月，这样的企业效率能高吗？如果是战场，这样的企业肯定被消灭。

对于组织执行来说，流程也是保障执行的规范性要求。在执行力的功用中，最重要的就是实现目标，并且让目标实现的质量和时间直接影响到最终结果。在VUCA时代，从宏观的质量控制过程来看，对于完成任务时间的把控至关重要，特别是对开发新产品，探索行业、企业内产品价值等项目来说，时间是第一位的，如果项目耗时过多就会被同行领先，失去绝佳时机，难以实现战略目标。特别是IT（信息技术）、AI、金融、互联网等行业，如果拖延时间，在项目进度上出了问题，就意味着项目失败，造成大量资金损失。日本的银行业管理方式能给我们很多启示。日本银行虽然分运营部、市场部、营业部等部门，也有部门经理和普通职员的区别，但是对于要贷款的企业来说，普通职员和部门经理具有一样大的权限，能否实施放贷完全要根据普通职员的第一手资料，虽然普通职员处于基层，但是在项目处理上可以直接和上级进行信息对接，和总部审核人员一同参与上级的审核，随时提供信息资料，这样就可以直接实现贷款的审批，大大提高了放贷操作效率，这就是扁平化管理的优势。这种优势不仅表现为沟通的便捷，更表现为给职员授权，让职员可以直接处理项目。授权职员就是对职员最好的尊重，这样有利于激发职员的内驱力，进而展现出卓越的执行力。

六、从华为看立体执行力

执行力强是一个企业成功的保证。华为作为一家优秀的企业，无处不展现出极强的组织立体执行力。前面说过，组织立体执行力由战略执行力、文化执行力、战役执行力、团队执行力、基础执行力、个体执行力构成。下面我们通过华为的事例进一步理解立体执行力。

1. 华为的战略执行力

华为的战略执行力最突出的地方就是锁定目标、聚焦航道。首要功臣是任正非和他带领的高管班子。

很多人说，华为是沿着战略方向，凭“傻”劲，做“傻”事，“傻”投入的公司。任正非也认为正是这种“傻”，正是这种阿甘精神，在战略上坚定不移、不急功近利的行为，成就了我们今天看到的华为。事实上，任正非基本上是用半辈子的时间只做一件事，而这件事取得了巨大的成功，那就是聚焦。聚焦主航道，聚焦主业务，拒绝“红舞鞋”的诱惑，在战略上有所为有所不为，加大研发投入，形成核心技术优势，打造一个开放、合作、共赢、良性的生态系统。华为能成为国家的骄傲，有一个重要的原因，就是战略执行力强。

华为在战略执行力方面还有一点值得企业界学习，就是炸开人才金字塔、对抗熵增。熵是一个化学与热力学的概念，用来度量一个系统的失序现象。一个系统内的熵越多，能够做功的能力就会随之下降。熵增定律告诉我们，一个孤立的系统的熵值是持续增加的。管理学大师彼得·德鲁克表示：管理要做的只有一件事情，就是对抗熵增。在这个过程中，企业的生命力才会增加，而不是默默走向死亡。华为找到了避免熵增的最佳方式，就是保持金字塔的基本架构，炸开金字塔的顶端，形成蜂窝状，让引领发展的“蜂子”飞进来，优化金字塔的内部结构，拉开业务、技术、管理等岗位差距。同时向外对标行业领先者，引入与用好优秀人才。

2. 华为的文化执行力

文化执行力的关键在于通过企业文化塑造去影响企业所有员工的行为，进而提升企业的整体执行力。企业高层的重要任务之一就是打造企业文化执行力。

任正非以及他带领的华为高管班子是打造华为文化执行力的首要功臣。华为的文化执行力首先是将组织战略深入每一个华为人心中，内化于心，外化于行。通过各种形式宣传及贯彻落实“艰苦创业、团结协作、共同奋斗”的精神。广泛创建学习型团队，各层级都在自我批评中进步。以身作则、从我做起成为全员的行为准则。所有的中层干部、团队带领者都把文化融入自己领导的部门和团队，把聚焦主业务、务实为本、打破“部门墙”、不断优化团队转化成自己的行为规范。对待下属公平公正，让每一位下属看到希望。大家日日反省、事事回顾、天天进步。这些一步步把战略变成了全员的共同追求，把执行变成了全员的行为规范。

与所有奋斗者分享利益，在企业中营造全员归属感。华为的文化执行力把执行真正转化成所有员工的最高行为准则。

3. 华为的战役执行力

华为的战役执行力极强。华为在取得举世瞩目成就的路上，经历了一场又一场艰苦卓绝的战役。每一场战役都是各路精兵强将密切合作、协同作战，“朝着一个垛口冲锋”，最终“攻下山头”。比如华为的基带芯片战役，调集多个精英团队协同作战，立项两年推出第一款产品，再接再厉，几年后进入业界第一阵营。又比如手机处理器芯片战役、2018 年开始的核心部件去美化战役、如火如荼的光刻机战役等，正是强大的战役执行力保证了华为成为世界通信科技企业巨无霸。

4. 华为的团队执行力

华为有成千上万个大大小小的团队，可以说华为的每一个团队都是高效团队。华为高效的团队执行力源于优秀的团队建设。团队建设的核心就是团队精神、团队文化的培养。华为的企业精神体现为“集体奋斗，团结协作”八个字。在华为，这种精神几乎融入所有团队中。为了建设一个具有凝聚力并且高效的团队，华为要求员工具备协作意识，善于同他人合作。在合作中与他人交流和沟通，在合作中学会尊重他人，在合作中学会被他人领导和领导他人。团队之间相互帮助，信息共享。“胜则举杯同庆，败则拼死相救”是华为团队合作的真实写照。

“艰苦奋斗”是华为企业文化的精髓。自20世纪80年代成立以来，华为在没有资源、没有资金、缺乏人才的情况下，刻苦攻关，夜以继日地钻研技术方案，不分白天和黑夜，几乎没有周末和节假日，累了就打开行军床睡一觉，醒来接着干，这就是华为“行军床文化”的起源。直到现在，华为团队的每一个成员仍然秉承老一代华为人的拼搏精神，忘我地工作。比如华为海思芯片团队，默默无闻、一丝不苟、没日没夜地奋力拼搏，甘心“潜伏”，做“备胎”，一旦需要就龙腾虎跃冲上战场。华为海思芯片团队执行力是整个华为团队执行力的缩影。在华为，高层和团队带领者也几乎没有什么节假日，随时随地处理发生的问题。华为正是靠着这样的优秀领导者，带领一个个艰苦创业、团结协作、集体奋斗的团队才创造出了辉煌的业绩。正如华为创始人任正非在其工作汇报会上的讲话中所说：我们今天是利益共同体，明天是命运共同体，当我们建成内耗小、活力大的群体的时候，当我们跨过21世纪形成团结如一人的数万人的群体的时候，我们抵御风雨的能力就增强了，可以在国际市场的大风暴中去搏击。①

---

① 任正非：资源是会枯竭的　唯有文化生生不息［EB/OL］.（2013－05－09）［2020－12－28］. http：//www.360doc.com/ content/0509/09/584_ 284051675.shtml.（引用时有微调）

5. 华为的基础执行力

健全的规章制度和流程是基础执行力的保证。华为制度的合理性和可执行性堪称范式，如华为的薪酬体系和激励制度。华为做到了优化组织内部结构，以贡献大小判断奖金多少，打破平衡，完全拉开待遇差距，彻底解决内部的“不患寡，患不公”的现象。华为管理好拉车人和坐车人的分配比例，让拉车人比坐车人拿得多。

华为因投标失败而做出反思变革的“铁三角”故事，证明了优良的基础执行力的重要性。2006 年，苏丹电信获得毛里塔尼亚的电信运营牌照，准备在那里投资建设移动通信网络。华为是收到招标邀请的两家供应商之一。代表处立即行动起来，冒着酷暑，克服停水停电的影响，披星戴月干了两个月，结果却是另一家公司独家中标，华为被彻底排除在外。

沮丧万分，这群男人把自己关进闷热的房间里，不停地问：我们为什么会输得这么彻底？我们的问题到底出在哪里？到底该怎样解决？在这个项目中，华为团队沟通不畅，信息不共享；客户关系不到位；产品解决方案不能符合客户要求；交付能力没有让客户满意。根本的原因就在于当时华为的组织与客户的组织不匹配。华为按照传统模式在运作，客户线不懂交付，交付线不懂客户，产品线只关注报价，都只关注自己的一亩三分地。对于客户的需求，华为陷入了被动响应的局面。

一番复盘后，这十几个男人决定围绕客户，针对业务变化，改变阵形。他们在代表处强调业务一盘棋，负责客户关系、负责交付、负责产品与解决方案的三个人在面对客户的时候，实现接口归一化，即后来的客户经理、产品经理、交付经理等角色融合。“三人同心，其利断金”，“铁三角”由此而得名。这里面也体现了团队执行力的一个特点，那就是团队执行力与团队凝聚力成正比。

华为的“铁三角”故事不仅展示了华为的基础执行力会随着企业的发展而不断提升，而且展现了个体执行力要素中的理解要素，要理解客户的需求、理解任务的难点，才能在具备意愿和能力要素的情况下完成任务。华为就是通过一步步打造出来的组织立体执行力，迈向世界五百强。

6. 华为的个体执行力

“三刀入手，各司其职”，是对华为个体执行力的一个很好诠释。华为强调各层级必须干好各自的事。华为著名的“三把刀”理论，即基层员工砍掉头，中层干部砍掉屁股，高层管理者砍掉手脚。第一把刀：基层员工砍掉头。任正非曾经开除入职 60 天的北大高才生。这位北大高才生入职华为仅仅 60 天，就给任正非写了洋洋洒洒的万言书，向老板进言。基层员工不要去做清高的“秀才”，要做能征善战的“兵”，“兵”的职责就是用尽全力把事情做正确。第二把刀：中层干部砍掉屁股。中层干部不能只考虑本部门的利益，要将他们赶出办公室，盯住客户和市场。中层干部不是坐在办公室里指手画脚的，要站起来，走出去，跑起来，冲在一线，去找客户、拼市场，企业的经营业绩才能越来越好。第三把刀：高层管理者砍掉手脚。高层管理者只留下脑袋去洞察市场、思考战略，高层管理者不能越位，不能去做中层干部和基层员工的事务性工作，要用战略性的眼光为企业未来布局，要思考和反省现在的战略和文化执行情况。在职场中，不要用手脚的勤快掩饰思想的懒惰。

第二章

组织执行力困局

越来越多的组织意识到制定一个战略远比执行一个战略容易。制定战略可以请外脑，比如请某家咨询公司代劳，但执行战略是其他人不能代劳的。时代发生了变化，以前是大鱼吃小鱼，小鱼吃虾米。而现在，不看大小看快慢，比拼的是速度，而速度就表现在企业的执行力上。

本章在对组织执行力困局的六种表现、五个方面常见原因、根本原因探究的基础上，提出破解执行力困局的方法，并进一步阐述了对执行力的错误认知，分析执行力从何处来，又如何对其检验。

一、组织执行力困局表现

1. 战略成空谈

我们往往会发现，很多企业的战略就是一摞关于三年或者五年规划的 A4 纸，员工们每日按部就班地工作着，看起来与战略有关，但其实与战略没有太多的联系。三年或者五年期满，回头看看，猛然惊醒，发现离当初的战略相差甚远。如果把企业战略比作人的大脑，企业的执行比作人的四肢，很显然，大脑发出指令就再也不管，四肢各行其是，战略也就成为空谈。

你可以尝试在企业里找几个基层员工，问他们知不知道本企业的战略是什么，他们正在做的工作又与企业战略有什么关联，自己对于实现企业战略的价值在何处。你很可能会得到三个“不知道”的回答。再找一些中层，问他们同样的问题，你会发现，有关本企业的战略内容，他们能回答部分内容，但可能仅限于表层部分。若要深入交流第二个和第三个问题，需要换个角度来发问，例如：你所在的部门的职责与企业战略的关联性是什么？对于企业发展核心要素——做强、做大、做优，你任职的部门所肩负的使命是什么？基本上得不到满意的答复。

调查研究得出的一组数据，反映了很多企业战略失败的原因都是执行过程出现了问题（见图2－1）。

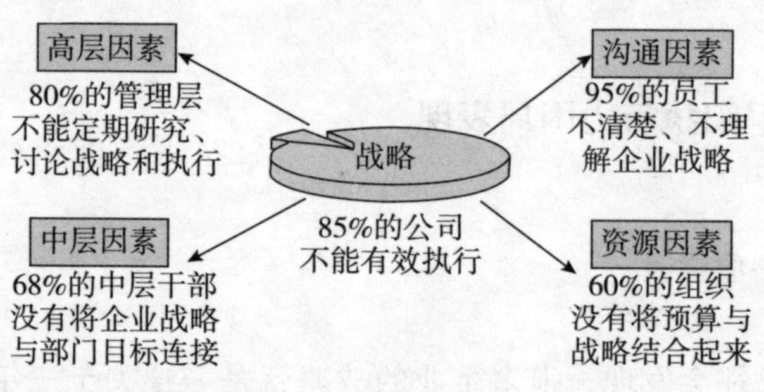

图2－1　企业战略失败的原因——执行不力

在很多的企业里，接近80%的高层管理者不能定期讨论战略，对企业战略缺乏深入研究，缺乏关于战略部署的持续、阶段性、多方面沟通。战略部署不是只关注某一个时点，部署后还需要根据市场、业务部门或者是执行层员工的反馈情况及时进行修正，大多数情况下修正的是方法，不是目标。如果发现战略目标出现问题，也要及时修正。同时，管理者需要通过了解每个月的业务进展情况，及时判定战略规划的阶段性任务是否完成。

68% 的中层干部没有将自己领导的业务单元或者部门的目标与企业战略相连接，所以他们对于前面关于企业战略问题的回答无法令人满意。仅有 32% 的中层干部将自己领导的部门的目标与企业战略相连接。

高达 95% 的基层员工处于浑浑噩噩的状态中，没有真正感受到企业战略与自身工作的关联性，自然也就没有办法以企业战略引领自己的工作。仅有 5% 的基层员工清楚理解企业战略，他们也能明白自己每天的工作在企业战略中的意义。

60% 的组织不能将企业战略与资源层结合，比如预算不到位、人力资源配置有缺失，甚至考核指标偏离。

2. 责任主体缺失

很多时候，企业里会出现任务层层下达之后却找不到责任主体的现象。就比如前面提到的战略成空谈，如果要追究一下战略成为空谈的责任主体是谁，那么你会发现，谁都有责任，谁又都没有责任，不知道到底该由谁来负责。当然我在本书明确了战略的责任主体是高层。

一家集团公司发生过这样一件事情。集团决定要开辟一个新的区域市场，要求各部门密切配合，预期半年时间完成业务进驻，当年完成人员配置并产生效益，下一年实现盈利。这项工作交由经营管理部、人力资源部、财务部、市场部统筹安排落实。半年很快过去了，这项工作根本还没有启动。董事长追问为什么，答曰："不知道具体由谁牵头负责。"显然，这是由于上级布置任务时没有明确责任人造成的。

3. 下级敷衍

某集团公司高层下达指令，为了加快集约化发展步伐，一个月内要将集团本部的项目管理系统部署到各个分公司和子公司。一个月时间到了，接到指令的中层干部汇报，原本的项目管理系统是定制化开发，只适用于集团本部，需要进行改版才能做全面部署。高层领导同意先进行改版，并要求系统改版完成后安装部署。到了第四个月，中层干部又汇报情况，根据收集上来的各地分公司和子公司项目运作实际情况，集团的工程师们自己无法对系统进行升级改进，需要外包给专业公司进行改造迭代，预计费用 10 万元。高层领导指示，以招投标方式进行。到了第六个月，中层干部继续汇报，与应标公司在沟通过程中出现理解偏差，导致系统还未改造完成，预计延期 3 个月交付。9 个月过去了，高层领导当初的指令没有完成。某日，领导在电梯间遇到了技术工程师们，突然想起来系统部署的事情，问工程师们进展如何。当工程师们弄清楚了高层领导交办的具体任务内容和要求后，明确回答："这个系统不需要改进，只需要在部署的时候考虑是采用 SaaS（一种基于互联网提供软件服务的运用模式）模式还是局域网部署就可以了。”一个轻而易举可以完成的任务，就这样被下级敷衍，拖了 9 个多月。

4. 下级逃避

某企业进行高潜人才选拔，通过笔试、无领导小组讨论和心理测评，第一批选拔出来 30 名精英。针对首批入围人员，人力资源部专门制订高潜人才训练营计划，开展了为期三个月的阶段性学习。每个月有 4 天线下集训课程，安排在 2 个周末，还有 2 门线上视频课程，要求当月听完。开课一个月又增加 ACT 行为训练，成立多个小组，每个小组针对高层领导提出的企业困局开展课题研究。

我要强调的是，这次培训不是脱产学习。30 名学员多半已经是企业中层，承担着繁重的任务指标，每天的工作量很大，基本上处于满负荷运转状态，甚至部分人是超负荷。其余人也都是核心骨干，肩负的具体工作任务和中层相当。该企业由于工作性质的原因，经常会周末加班，为客户提供服务。于是第一个月过后，学员们就开始逃避学习，理由五花八门。“这个周末不能上课，我需要拜访客户，确认执行项目的细节问题。”“这个周末不能上课，我需要出差外地，洽谈合作。”“这个周末不能上课，我要去医院检查身体。”而实际情况呢？与客户确认项目细节，一个电话就可以解决。去外地洽谈合作，周一早上乘坐高铁就可以，不需要周末到达。去医院检查身体，其实不过就是去附近的社区医院开感冒药。

为什么会出现上述种种情况呢？因为下级在逃避。这里的逃避可能是由于工作和学习的双重压力。人毕竟不是机器，不能永远超负荷运转。面对第二个月20%的出勤率，我们又如何对人力资源部门的执行力进行评价呢？

5. 执行不到位，上下级互相抱怨

先让我们自查一下，企业中是否有员工出现了以下情况。缺心：工作不用心、不走心，总搞不清自己的职责，找不到方法。缺责：无法将责任落实到底。缺感恩心：总是抱怨，没有格局，看不到自己的问题，争小利。缺敏感度：没有客户敏感度，做完项目就把客户丢在脑后，做事时也无法体现温度。缺执行力：选择性执行，或者不执行。缺独立性：不能独立思考工作，有依赖心理，总是等领导来解决问题。缺主动性：工作总是被动，无法主动发现问题，更不能解决问题。如果出现了上述情况，很显然是基层执行力出了问题，执行肯定不到位。

某家企业开研讨会，很多中层参加，主题是探讨丢失某个大单的原因，目的是找出原因，找到对策，以防止下一个大单丢失。会议主题没有什么问题，其目的也很明确。

作为公司高层，A第一个发言："很可惜这次丢失了大单，我们要认真反思到底是什么原因导致丢单。我认为多个部门之间的协同合作存在问题，导致响应客户的速度上不去。"一下子，A就把皮球踢给了中层。中层又是如何接球的呢？作为部门负责人的B发言：“我认为领导说的是对的，经过几天的认真反思，我发现部门之间的沟通存在问题。我明明交代给我部门的C，让他去找市场部门索要最新的服务报价，结果取回来的并不是业务部门提供给市场部门的最新报价单，导致我们在报价上出现了失误。我严厉地批评了C，怎么能对自己拿回来的资料不做确认呢？”皮球又踢给了C，同时连带着与C同级别的其他员工。

会议只有中高层参加，C等基层员工并没有参加，导致丢单的原因继续在“当事人”不在场的情况下研讨……最终根本原因没找到，如何杜绝下一次可能的大单流失不得而知，但遇事相互抱怨、相互推诿的组织文化显露无遗，该组织的执行力就因这种文化而陷入困局。

另一家企业的一把手，在年底总结会上说：“我们企业没有实现高质量、跨越式发展的主要原因是没有领军型人才。我们的中层能力还有待提升……”在座的二十几位中层干部面面相觑，关系不错的中层开始小声嘀咕。

D：“企业业绩不行，没有领军型人才，是我们中层的问题吗？高层就该是领军型人才，带领我们明确方向。自己没有能力，把责任全怪在我们头上了。”

E：“我们这些中层容易吗？高层领导能力不行，净瞎指挥。不指挥还好，一指挥就出现各种问题。高层角色定位失误，该干的事情没有干，反而到前线直接指挥才导致失败的。”

一个性格温和的中层干部F喃喃自语：“是呀，今年业绩不太好，我一直在思考到底是什么原因。公司现在全是线下业务，未来一定要尝试走线上路线才有出路。到底怎么样才能搭建起线上服务平台？”

我们可以看到，企业中上下级相互抱怨。F倒是没有抱怨领导，但是从F身上我们看到了角色错位。他在思考高层领导应该思考的问题，而高层领导是否真的干了中层该干的工作呢？每一层级的领导都有自己该干的事情，各层级领导都必须清楚自己的职责，先把自己的事情干好，如果自己的职责没有尽到，而去指挥别人、指责别人，肯定就会出现相互抱怨的现象。

6. 上级直接插手

上级直接插手常常表现为帅将错位，将兵错位。现代人学习了赤壁之战的历史后，总结了很多关于曹操失败的原因。有人说是天时不佳，曹操当时刚攻克了荆州，荆州的人才还没有归心，荆州的民心也不在曹操这边，而曹操却急于攻下东吴，使得荆州上下都有怨言。有人说是地利不好，曹操手下的士兵多是北方人，大都不会游泳，在江面上战斗能力大减，而新投降曹操的荆州水军虽然在水上的战斗能力强。也有人说是没有人和，因为曹操轻易攻占了荆州，导致麾下士兵看不起荆州水军，两方人马相处并不和睦，作战之地又是江上。曹操中了周瑜和黄盖的苦肉计，将水军统领蔡瑁杀了，而蔡瑁是当时曹操麾下最擅长水战的将领（此事为《三国演义》中虚构故事）。天时、地利、人和，三个要素曹操全都没有，所以造就了孙刘联军以少胜多的战例。

这里，我从组织执行力困局——上级直接插手的角度来分析赤壁之战曹操败北的原因。

赤壁之战，曹操在有利形势下战败，不仅是因为轻敌自负，最重要的原因是他忘记了自己是帅，直接插手将的事务，帅将错位，将的作用没有发挥出来，帅更是出现了空缺。什么是帅？帅者尽人之智，一军之帅要把将的智慧发挥出来，着眼战略和战役全局，将负责战术和局部战斗。曹操本为帅，却站在将的位置上直接确定具体战术，指挥战斗，忽视了对赤壁之战的战略研究和战役全局把控，导致突然面对孙刘联军的火攻措手不及，溃不成军，最后大败。赤壁之战中还有一个细节，曹操杀了蔡瑁后取而代之，亲自指挥，严格来说曹操没有在南方作战的经验，他并不熟悉水战。当时曹操麾下名将、谋士很多，虽然他们比不上被斩的蔡瑁熟悉水战，但总有比曹操熟悉水战的将领，即使没有熟悉水战的将领，也要把在前线具体指挥作战的任务交给一位有勇有谋的将领。曹操应该站在战略高度从战役全局进行分析判断，帮助前线将领，而不是自己直接插手，陷入具体的局部战斗中。如果从全局出发，把军队众多的优势发挥出来，兵力薄弱的孙刘联军是无论如何都不可能取胜的。

二、组织执行力困局常见原因

组织执行力陷于困局，常见的原因有五个方面。

1. 执行力是一条没有贯通的直线

前面讲了，执行力就是把组织战略目标变成现实的能力。从战略目标到实现落地，执行力必须从上到下贯通起来，也就是从上到下必须一心一意，把力量都用在一处。但是在现实中，许多组织的战略目标在执行当中会遇到各种障碍。比如，执行力在传导过程中偏离中心线，没有朝向终极目标；有时候执行力在传导过程中出现停顿，贻误商机；更严重的是有时候执行力在传导过程中遇到障碍而折返回去成为反作用力。例如，总经理给副总经理下达了一个任务指令，副总经理只领会了90%，并没有完全领会总经理想要干什么，而自己却认为理解了总经理的全部意图，副总经理再将任务下达给部门经理，部门经理在接受任务指令的时候，理解更加偏差，最后执行的结果与总经理的要求差了十万八千里。

2. 执行力散落在没有厚度的平面上，缺少连接和协同

许多组织都是由若干个单元组成的，每个单元都具有单元执行力，而且每个单元都有自己的优势或者特长。许多组织平时很少思考和研究单元与单元之间能否取长补短、彼此成就，这样就势必会

出现需要彼此成就的时候手忙脚乱的局面。用 400 米接力赛能够更好地说明这个问题。每队有四个选手，每人跑 100 米，共有三次交接棒，交接棒时有一个接力区域，很多队都是输在交接棒上。接力区域共有 20 米长，我们把这 20 米的接力区当作组织执行力的连接处。优秀企业的前一棒选手往往会多跑几米，在后一棒选手助跑到最佳时把接力棒交到他手里，或者是前一棒选手与后一棒选手提前协商好在哪里交接棒、怎样交接棒。反之，不良企业的前一棒选手往往在后一棒选手还没有来得及伸出手或者还没有接住棒的时候就撒手了，以致出现接力棒掉在了接力区的严重问题，前一棒选手对于后一棒选手什么时候捡起接力棒不知，不管，不问，不理。

3. 不知执行力卡在哪里

执行不到位，目标达成不够圆满，甚至任务目标根本就没有达成，归结原因，当然是执行力出了问题，但是大家都努力了，面对上级的问责都很委屈。问题到底出在哪里？谁都说不清楚。还有一种情况，就是在组织中，常常有很多任务是需要多个部门协同完成的，结果非常糟糕，参与的部门都认为自己是按照要求工作的，都没有责任，这种尴尬局面的出现是因为找不到执行力卡在哪里。

4. 不知谁是执行主体

组织里会出现“部门墙”现象，大企业的“部门墙”现象尤其严重。当企业处于发展初期时，企业的管理比较简单，人员较少，企业中的每个人都在为企业发展壮大尽心竭力，此时，企业利益远远大于个人利益；同时员工数量少，部门小而精，组织结构简单，所有信息都能够在企业里充分共享，企业的执行效率非常高。但当公司的规模逐步扩大时，内部业务复杂程度就会越来越高。人力资源部招聘了很多新人入职，人员不断扩充，组织结构不断调整，部门越来越多，流程越来越复杂。此外，企业管理水平未能及时跟上企业发展的需要，导致部门之间职责划分不清，职责空白地带越来越多，开始出现部门之间推诿、扯皮现象。与此同时，员工的心理也在逐步发生变化，员工的利益重心慢慢由整个企业向单一部门过渡，部门之间开始了对权益的争夺。这些因素致使部门间的距离越来越远，“部门墙”越来越厚。厚到了什么程度呢？新任上级领导让 A 部门收集梳理客户信息并分类，A 部门到集团各业务单元进行客户信息收集，并向各相关职能部门征求意见，寻求相关帮助，各部门都礼节性地表达支持。A 部门 2 个人用了 1 个月的时间把公司的客户信息做了梳理和分类，大功告成向领导汇报的时候，才得知 B 部门作为内控部门每个季度都会对业务数据进行分析，其中就包括了客户信息的汇总，但是其他部门并不知情，各业务单元也只是按期给 B 部门上报客户信息数据。很难想象这样的企业执行力不会出现问题。

5. 个体执行力不足

个体执行力的集合就是组织执行力。但遗憾的是，组织里并不是每一个人都具有超强的执行力。正如前文所说，个体对任务的理解、个体是否有意愿去执行任务、个体在执行任务中的能力大小都制约着最终的结果。实际情况中，组织个体执行力不足是一种常态，因为人与人之间的差距很难消除，这种差距就表现在执行能力上。从整体上提升组织个体执行力是解决这个问题的方法之一。

三、组织执行力困局根本原因分析

组织执行力是一条没有贯通的直线，散落在没有厚度的平面上，同级部门彼此缺少连接和协同。在执行任务的过程中遇到困难时，各个团队的执行力难以整合，不知道在哪个点上忽然消失了，如同出现了执行力黑洞。

什么是执行力黑洞？就是在完成任务、达成目标的过程中，不知道执行力怎么就消失了，而且不知道在什么地方消失了。为什么会出现执行力黑洞？当下面两种情况出现的时候就会造成执行力黑洞，一是没有实现沟通闭环，二是关键环节失控。

1. 探究黑洞根本原因——没有实现沟通闭环

相信现在大家都有很多群，其中至少有一个是工作群。有的时候，领导还会专门就某个主题内容建立一个专班工作群，在群里下达指令，如“明天上午 10 点在会议室召开第四次工作研讨会。请相关同事提前做好准备”。收到这条指令后，首先要做的就是回复“收到，会准时参加”。如果大家在群里用的是昵称，回复内容最好为

“××收到，会准时参加”。当然一般情况下，职业人士应该在工作群里使用真实姓名。

什么是沟通闭环呢？第一个层次就是“你说我听，我说你听”。指令由上级发出，我们要准确无误地领会上级的意图，应该先听领导说，然后按照我们的理解复述一遍，让领导确认是否理解到位。第二个层次就是“我做你审”。按照领导的指令，先草拟出方案或者实施流程，提交给领导，让领导确认是否可行，是否无误。如果出现了理解的偏差，在设计构思这个阶段就可以进行纠偏，避免了真正开始实施时越做越错，白白浪费时间。第三个层次就是“我做你看”。前两个层次完成后，可以正式启动实施。在这一阶段，如果没有遇到解决不了的问题，可以直接向前推进，完成任务，将最终结果呈报领导。如果遇到了困难和问题，又确实是自身难以解决，需要领导的协调，就要及时向领导汇报，汇报也是沟通的方式。实现沟通闭环的标准是你理解了上级交代的任务，并得到了上级的最终确认。

2. 探究黑洞根本原因——关键环节失控

组织里永远存在主要矛盾和次要矛盾，矛盾也会存在主要方面和次要方面。而对于一项任务来说，总是会有关键要素、关键人和关键时间点。如果这三个关键环节没有把握好，其中任何一个失控都会导致执行黑洞的出现。

项目总负责人集责、权、利于一身，要对项目负全责。接到任务后，首先要思考的就是完成该项任务的关键要素有哪些，关键人是谁，项目在实施过程中需要确定几个关键时间点来进行阶段验收。

假设有一个全国性的会议，参会嘉宾来自32个省、直辖市、自治区，会议地点为香山脚下的某酒店，会期四天，服务参会嘉宾这一任务交给你的部门去完成，这里面关键要素有哪些？首先，作为部门领导，你应该清楚如何获得参会嘉宾的名单和联系方式。其次，参会嘉宾从全国各地来北京，他们所选用的交通工具有所不同，距离较近的会选择高铁，距离较远的会选择飞机，要明确是否需要接站、接机。最后，参会嘉宾中有无少数民族，是否需要特殊用餐。当然，还需要考虑很多其他因素，比如酒店离香山的距离有多远，晚饭后能否去公园散步等。会议最后一天要发放通信录，领导对通信录格式有什么要求，是否需要每一位参会嘉宾的照片。这些要素里面什么是关键要素？虽然说每一个要素都对应着一个细节，但联系方式、接送、餐饮和通信录是核心，是关键要素。

在这项任务中谁是关键人？项目总负责人是关键人，但这里强调的是项目执行过程中的关键人。会务接待工作很烦琐，这里面需要几个关键人。第一个是办公室主任，因为接送参会嘉宾的车来自办公室，办公室有车，有司机；第二个是餐饮负责人，因为一日三餐，4天至少12餐，需要服务好每位参会嘉宾；第三个是通信录负责人，因为最后一日需要发放精美的通信录，还是带照片的小册子。其他工作人员，比如签到处接待人员、会议室端茶倒水的人员、提醒发言嘉宾准备好发言材料的人员等就不属于关键人。

这个项目里有几个关键时间点，以其中一个为例。在邀请参会嘉宾出席会议阶段，收取回执的时间是第一个关键时间点。为什么呢？会议最后一天要发放通信录，通信录的每一项信息是需要提前获取的，要核实参会嘉宾的姓名、单位、职务、联系方式等信息，还需要确认每一个回执上都有照片。有人说："签到的时候再核实不行吗?"行是行，但万一有十几个参会嘉宾几乎同时到达，我们的工作人员只能让嘉宾们少安毋躁，一个一个地核实回执信息，让没有填写信息的嘉宾当场补填，这既耗时又尴尬。要是当初报名时嘉宾没有提供照片，这个时候尴尬又来了，如果嘉宾没有电子照片，附近又没有照相馆，去哪里拍照给你提供照片呢？用手机拍照效果不佳，影响了嘉宾形象怎么办？可没有照片，负责制作通信录的人员又该怎么办呢?

这就是第一个关键时间点。抓住第一个关键时间点，我们的工作人员就可以从容地对每一位参加会议的嘉宾进行确认。核实工作全部在嘉宾抵京前完成，就不会出现上述尴尬情况。

3. 组织执行力困局破解——构建组织立体执行力

组织执行力困局表现形式很多，成因也很多。如何破解组织执行力困局？是头疼医头、脚疼医脚，还是研究一套整体治疗方案？我认为彻底解决组织执行力困局的最佳办法就是构建组织立体执行力。

四、对执行力的错误认知

长期以来，很多管理者对执行力存在错误认知，对执行力错误认知的第一个表现是对执行力要素的错误理解，包括有些正规培训教材对执行力的理解也落后于时代发展、变化带来的新需求。许多传统观点都认为有完成这项工作的意愿加上能够完成这项工作的能力就构成了完成这项工作的执行力。前面已经讲到个体执行力应该具备三要素，分别是意愿、能力、理解。一个人能力很强，也非常愿意去完成一项工作，那么这项工作就一定能圆满完成吗？我认为不一定。任务完成的结果能完全达到标准要求，取决于执行这项任务时以及整个执行过程中对该项任务标准的准确理解和把握。大量的实证案例表明，工作中出现的上级不满意、执行不到位，50% 以上都是因为对上级意图或者任务的标准要求理解不准确，出现这种现象就是由于对执行力的认知不全面。

对执行力错误认知的第二个表现是对职场中各层级人员职责的理解出现偏差。通常的表现是，一般都认为执行是基层的事情，充其量也就是中层的事情。我再次强调，执行是全体员工的事情，从高层管理者到基层员工，都必须时刻清楚自己每天要执行的是什么，执行的结果如何。出现这种认知偏差的原因主要是对领导力的认知错误，认为高层的任务是领导，中基层的任务就是执行。

对执行力错误认知的第三个表现是管理者常常被过程蒙住了双眼，

忽视了结果。在很多工作中过程确实很重要，但是终究结果才是目的。比如，办公室一位文员，不仅天天按时上下班，还经常加班，提交一份材料，先分出六个步骤，然后一步一步进行。第一个步骤是收集、整理材料，第二个步骤是构思提纲并征求领导意见，第三个步骤是撰写，第四个步骤是自己修改，第五个步骤是请领导提出修改意见，第六个步骤是定稿上交。过程很清楚，领导也时刻都掌握进度，问题是这份材料用了两个星期才完成，其实一个星期就足够了。可领导会觉得用了两个星期才完成的人，工作踏实，勤勤恳恳，认真负责。而只用了一个星期就完成的人，如果有一天迟到或者有一次早退，或者有一天干了其他不是领导交办的事情，领导会觉得这个人工作不负责任，迟到早退，在上班时间还干私活。

对执行力错误认知的第四个表现是在提升员工执行力的培训上，偏重业务技能提升培训，缺乏执行力素养这一重要内容的培训。一个执行力素养较高的员工，即使业务技能不足，也会主动去学习、去请教，加班加点以勤补拙，交出满意答卷。而执行力素养低的员工，即使业务技能提升了，执行力也不一定能够提升。

对执行力错误认知的第五个表现是重视组织执行力的目标和结果两要素，而不清楚组织执行力是由三要素构成，分别是目标、协同、结果。只注重目标和结果，虽然盯着目标不放松，但是结果未必如愿，因为忽视了协同。现代企业中，一个部门完成一项目标任务，通常需要其他部门的支持、协作，否则很难实现目标，因此建立组织内部的协同机制对现代企业来说必不可少。

五、执行力从何处来

困扰管理者的一个问题是不知道执行力从何处来，不知道从何处下手、从哪里发力可以提升员工和组织的执行力。个人执行力就是一个人行动时具体表现出来的行为力量，这源于个人的欲望。一个没有欲望的人，是不会有大作为的，也不太可能在组织里积极努力。如果把任务交给一个没有欲望的人去执行，结果往往达不到标准要求。那么管理者就要对员工的欲望进行分析判断，因为员工的欲望会有差异。员工的欲望无非两类，一类是物质需求，另一类是精神需求。有些员工更注重物质需求，有些员工更注重精神需求。就某一个员工来讲，初入职场可能会因为学贷、房贷等经济压力更注重薪资、奖金；工作几年以后，人际关系融洽、业务能力过硬，逐渐会产生被上级提拔重用的精神层面的需求。在员工对物质需求强烈的那几年，就要考虑让他承担薪资高、提成高、奖金多但任务艰苦、出差多、加班多的工作。而当他具备了带领一个团队的能力的时候，及时提拔重用他，他也会自动自发地使出浑身解数以证明自己是名副其实的。如果此时不提拔他，那他可能会消极怠工，执行力丧失。从人力资本价值最大化的角度考量，把员工的执行力价值最大化，才能创造出最大化的企业价值。当一个员工的能力达到上一个台阶的条件时，就及时提拔他到高一个级别的岗位，当他在这个岗位上又不断进步，基本达到更高一个级别岗位的条件时，再次及时提拔，如此发展，他在职场上的内驱力就会一直被激发，执行力不断增强，不断满足新的更高岗位的要求。如果员工欲望不强，就要刺激他产生积极向上的欲望。人只有产生了欲望，才可能产生内驱力，当员工在组织里产生了内驱力，表现出来的就是执行力。

从考核入手可以进一步提升员工执行力。人会有惰性，执行任务的时候，对不列入考核计划的部分容易产生得过且过的想法。所以一个组织要让每个人都积极主动工作，除了组织的领导力因素，还要设计一套符合组织特点而且行之有效的考核体系。考核必须要以结果为导向，职场只要功劳不要苦劳。考核要坚持的一个原则是公平。有些组织业务复杂，一家企业内业务线就划分为几条，各条业务线的内容也比较丰富，企业的管理、职能部门也较多，做到公平是一个难度较大的技术性工作。面对这样的情况，要建立起各条业务线的考核标准，标准的制定有两个环节一定要做好，一是要参照历史数据、对标行业，二是要让员工充分讨论。讨论过程中可能会出现极端现象，但是不要急着堵，而是要疏、要引导，最终让大家自己制定出考核的基本标准，考核执行起来就非常顺畅。

六、缺失的组织执行力检验

组织执行力强弱以什么为标准，如何检验？这是很多组织都没有搞清楚的问题。把此问题搞清楚对破解执行力困局有很重要的意义。

衡量组织执行力强弱不能用一个具体数值，因为企业有大小、行业有不同。那么怎样建立执行力检验的标准呢？我认为，组织执行力的第一种检验办法是考察员工的工作状态，以及其表现出来的工作行为习惯。比如，甲企业年营业额两亿元，老板生病住在医院里长达一年之久，而企业没有受到任何影响，依然高效运行，企业的组织执行力非常强。这说明甲企业老板进入了领导的最高一层境界，老板对员工来讲“不知有之”，老板在与不在，每个员工都会把自己的工作按照计划稳步推进。乙企业年营业额 5 亿元，老板出国考察学习一个月，企业的运行立即缓慢下来，等老板回来，当月任务只完成了 50%，这家企业的组织执行力与甲企业相比弱了不是一星半点。企业老板要清楚自己的企业执行力到底是怎样的一个状态。如果与甲企业类似，那么企业虽然现在规模还较小，要不了几年一定会大起来、强起来。而如果与乙企业类似，那就需要尽快加强企业组织执行力培训以提升组织执行力，还必须从自身的领导力方面找原因，认识到老板自己的领导力是存在严重不足的，领导艺术是需要修炼的。

组织执行力的第二种检验办法是考察协同作战能力。协同作战至少是两个团队共同协作完成一个项目任务。协同过程中有许多不确定因素，如果是两个执行力强的团队协同作战，面对任何不确定因素都能够分析化解，这得益于执行力强的团队的良好团队文化。高效沟通、畅所欲言，是高绩效团队的典型特征。当遇到不确定因素时，执行力强的团队会集合众人的智慧，畅所欲言，出主意想办法，克服困难、战胜困难。如果是执行力弱的团队共同协作完成一个项目任务，那几乎是不可能的。一些团队平时看不出来其执行力强弱，一协作就暴露出沟通不畅，保守，推诿，不敢、不愿创新等问题，协作还不如让它们自扫门前雪。

组织执行力的第三种检验办法是组建临时团队。组建临时团队往往是为完成一个短期任务，从各团队临时抽调人马打造一个临时团队，任务完成后团队解散，人员归队。在这种情况下，执行力强的企业抽调出来的人执行力素养较高，虽然是临时组建团队，但由于大家的执行力素养高，这个临时组建的团队执行力也不会弱。而执行力弱的企业，由于员工执行力素养较低，加上又是临时组建，这个团队的执行力往往比想象中还要弱。

组织执行力的第四种检验办法是对标同行业，看自己有没有高绩效团队。如果有，明确其占多大比重，高绩效团队占比数越高，企业执行力越强，反之企业执行力就弱。如果对标同行业没有高绩效团队，那么组织执行力肯定就弱。

第三章 执行力是领导力的展现

组织执行力的强弱取决于组织领导力的强弱。执行力强的组织，领导力一定强。执行力弱的组织，领导力有可能弱也有可能不弱。如果组织领导力不弱而执行力弱，那就是组织执行力建设出了严重问题，也就是说领导力在转化为执行力的过程中存在障碍或者误区。如何让执行力与领导力相吻合，是本章将要讨论的问题。

本章从执行力与领导力、准确理解管理、执行力与愿景能力、执行力与团队建设、执行力属于核心竞争力、战役执行力是领导力的高级呈现六个方面展开论述。其中的战役执行力和后面章节将要阐述的战略执行力和文化执行力，是高层必须具备的。

一、执行力与领导力

组织战略落地、目标实现都依靠强大的执行力。执行力需要靠领导力去激发，没有领导力的激发、引领，执行力一般会保持基本常态，不会聚集和强大。领导力的强弱会通过执行力展现出来。执行力强的企业，领导力一定强；但领导力强的企业，执行力不一定强。这里面就存在一个领导者是否能把自己的领导力转化为执行力的问题。

执行力与领导力的最佳状态是，领导者期望实现的战略目标，通过高层执行力、中层执行力以及基层执行力落地。执行力与领导力互相交融，不可分割；互相促进，不可掣肘。没有执行力，再强的领导力也不过是空中楼阁；没有领导力，执行力就没有方向、没有力度。

卓越的领导者所具备的领导力能够激发员工的使命感，使命感又激发责任感。责任是执行力的内核，当员工具有责任意识，就会自发地为企业的发展而努力工作。这表现为对于领导交办的工作，员工能够自动自发地推进；对于工作中遇到的困难，自己想方设法地克服，一切以最终的结果为导向。由此，一个领导者领导力的强弱便通过团队成员执行力的结果准确地反映出来。所以从这个角度看，组织的领导力最终体现在执行力上。

前面讲到，组织执行力要具备目标、协同、结果三要素。执行力强的组织这三要素都强。下面我们来看看这三要素与领导力的关系。第一，领导力最重要的部分就是制定清晰的目标，没有清晰目标的组织就像是没有航向的航船一样，在无边无际的汪洋里漂荡，不知道何时到达目的地。第二，调动和协调各种资源、力量去实现目标，是领导力的又一体现。航船在大海上航行仅有发动机和船长是远远不够的，还需要轮舵、雷达、机械师、大副、二副、水手等协调一致、密切配合，才能保证航船以良好状态适速前进。这些资源和力量能不能协同起来取决于船长的领导力。第三，按时到达目的地是航行的最终结果。此次航行的考核标准就是安全、按时到达目的地，航船出发前就进行过确认，这是组织执行力三要素中的结果部分。执行力强可以得出领导者的领导力一定强的结论。反之，领导者领导力强，执行力是否一定强呢？未必。可能会出现两种情况：一种是执行力也强，与领导力相匹配；另一种是执行力与领导力不匹配，执行力比领导力弱。这是为什么？这种情况并不少见，原因也是多种多样的，比如没有战略执行力意识和文化执行力意识，战略“放在文件架上”，文化“挂在墙上”；比如需要战役执行力的时候，各参战团队无法统筹协调等，笼统地讲就是组织立体执行力没有建立起来。构建组织立体执行力必须依靠高层领导者，高层领导者有意识、有能力才可以构建起组织立体执行力。

二、准确理解管理

管理是领导的具体行为方式之一。长期以来我们对管理存在片面的理解。说到管理，很多人首先想到的是如何管人。我认为管人是违背人性的行为，任何人从出生开始就不愿意被人管，你要管他就会产生对立。下面介绍一个真实的案例。

有一家软件公司，经理是著名高校人力资源专业的博士，按说担任一家不算大的软件公司的经理，他的知识水平没有问题。他学的是人力资源管理专业，却对人没有深入研究，对人的理解比较浅薄，表现为工作的重心全都放在如何管人上。他管人的方法很独特，他让自己信得过的员工给其他员工的电脑安装了一个监视软件，以实时监督每个员工的工作状态。员工如芒在背，心理脆弱一些的员工觉得自己就像罪犯。可以想象，这样的公司人才流失率有多高，软件开发工程师们的工作效率提升有多难，公司的结局自然就是亏损直至破产。

那么到底怎么理解“管”？“管”指什么？这里的“管”是管事。管事要依靠规章制度和流程，这样不仅公平，而且高效。需要注意的是规章制度的合理性和可执行性，流程的科学性、顺畅性、高效性。如果制度不合理、流程不顺畅，也不是人的问题，不可以错误地认为要在管人上下功夫。既然管事依靠规章制度和流程，自然就不能事无巨细。事无巨细会弱化员工遵守规章制度和流程的意识，久而久之，规章制度和流程就会形同虚设，出现以领导习惯和眼色行事的不良现象。

再来看看怎么理解“理”，“理”指的是“理人”，把人理顺了，一切就都好办了。理人有两个层级：最基本的层级就是让员工心情愉悦地工作；第二个层级就是领导层级，让员工心甘情愿地追随你，一起朝着组织的目标共同奋斗、共同成长。

对管理问题，我做过两个部门案例对比研究。在一家企业，我选择了两个部门进行对比分析，一个是我分管的部门，简称 A 部门，另一个部门简称 B 部门，由一位比较强势、领导力也不差的副总分管。一年后，仅从团队稳定性、创新性、成长性、客户满意度四个维度进行对比，结果如下。A 部门由 9 个人发展到 13 个人，没有一人离职，B 部门由 11 个人减少到 7 个人，人员流失率近 50%；A 部门员工围绕客户满意度举办了三次头脑风暴会，深耕客户，创新出一套灵活的服务流程，客户满意度大幅提升，B 部门也召开头脑风暴会，但会上员工沉默寡言，没有好的创意，服务没有起色，甚至个别员工还把不满情绪发泄到客户身上，导致客户投诉；A 部门经理轮岗调任，部门副经理提拔为部门经理，还有三名员工得到晋升，B 部门全员考核不称职；A 部门服务的行业客户满意度优秀，客户特意上门表示感谢，B 部门服务的行业客户投诉两次。这两个部门的对比研究案例充分说明了“理人”的重要性。

不管哪个行业，现在都在高速运行，特别是一、二线城市的工作节奏之快已经让员工们压力极大。在这样的情况下，让员工工作时保持愉悦的心情是非常重要的。2020 年新冠肺炎疫情肆虐，我用不同的方式分别访谈了 30 名在北京工作的不同行业人士，请他们回答三个问题：①这场疫情让你的心理状态有什么改变？②你对你的领导有什么期望？③你对单位有什么新的要求？访谈的结果不做详细展示，归纳起来大概是这样的。回答第一个问题的人中有 18 人焦虑感明显，10 人轻微焦虑，19 人担心公司撑不下去，盼望公司能尽快恢复业务；回答第二个问题的 30 人无一例外地希望领导是可亲的，26 人要求领导不要给他们施加过多的压力，22 人希望获得领导的信任；回答第三个问题的人中有 29 人希望公司干净、卫生、安全，27 人希望实行弹性工作制，20 人希望工作方式更灵活。以上的访谈结果进一步佐证了我十几年前就提出的观点——管理，重要的是“理人”，理顺人心，让员工心情愉悦地工作，让员工把领导当挚友，最终才能让员工愿与领导“肝胆相照”，为领导“两肋插刀”，追随领导一同到达成功彼岸。

三、执行力与愿景能力

我发现很多人都经常讲愿景，但是只讲愿景是不够的，甚至是没有用的。愿景应该是一种能力，我称之为愿景能力。我在研究卓越领导者领导力指标的时候，提出了愿景能力。愿景能力是卓越领导者领导力的第一个指标。

愿景是什么？它是最早出现在老板大脑里的想法，是老板的梦想。让梦想成真，取决于执行力。这个执行力首先一定是老板的执行力，他无法凭借一己之力完成梦想，就需要招纳贤士，组建团队，然后向每个人描述自己的梦想，与他们达成共识，把自己的梦想变成大家的梦想。大家同道而行，一起努力，为了共同梦想，也是老板的最初梦想而努力。

什么是愿景能力？我把愿景能力分成五个阶段来描述。第一个阶段是把梦想清晰地描绘成一张蓝图；第二个阶段是让人能看得懂这张蓝图；第三个阶段是论证这张蓝图能够实现；第四个阶段是让人相信论证正确，蓝图能够实现；第五个阶段是让人明白在这张蓝图实现过程中以及实现后自己能得到的成果。特别是后三个阶段，老板必须要讲得清清楚楚。这就是愿景能力，而不是抽象的愿景概念。有点像点、线、面、体。最初的愿景是一个点，老板告诉大家通过一系列的努力，可以变成线，一步步得以实现。和老板在一个面上的人，一起去相信这个愿景，因为相信所以看见，同时老板要把愿景实现后大家能够得到的利益讲清楚，最后形成团队共同体。雾里看花总是不好的，老板讲得明明白白，让大家清清楚楚，这才是愿景能力。

愿景能力强的人不仅可以让下级追随自己，而且可以激发下级的内驱力，让下级自动自发地完成任务。下级的内驱力一旦被激发，执行力便自然迸发出来，这是其他力量无法比拟的。

愿景能力不仅是高层的能力，中层也需要具备愿景能力，基层员工个人也会有愿景能力。在组织里，高层、中层与基层员工的三级愿景融合度越高，组织的执行力就越强。

四、执行力与团队建设

团队建设一定要以增强团队凝聚力为核心，进而由团队凝聚力转化为团队执行力。团队有较强的凝聚力是确保团队执行力达标的必要条件。团队建设的抓手是增强团队凝聚力，团队建设的目的是强化执行力。不以增强团队凝聚力，进而强化团队执行力为目的的团队建设都是没有意义的，因为团队执行力是企业的基石之一。

下面是四个公司的团队建设活动，效果完全不同。

A 公司团建。一大早，团队成员从城市的四面八方赶到门头沟的一个小村庄。看到了久违的秋千，女生们开心极了，一个个玩得不亦乐乎。男生们则和农民商量从菜地里刨出地瓜，挖土坑，捡拾柴火，用最原始的方法烤地瓜。中午时分，男生和女生一起，摆起烧烤架子，烤肉、烤菜、烤馒头片。大家酒足饭饱后，又开心地玩起了桥牌。秋日温暖的阳光和小桥、流水、人家，还有那一片丰收在望的田野构成一幅美丽的画卷，让大家流连忘返，工作中的疲劳、郁闷、压力消失得干干净净。

B 公司团建。大家乘坐班车前往京郊，上午 10 点到达一个不知名的村庄后，全体人员下车，培训导师随机抽签，将 30 个人分成 6 个团队，每个团队 5 个人。团队名称和团队口号由 5 个人自行讨论，达成一致意见后制作团旗，并把口号写在团旗背面。培训导师发给每个团队 50 元钱和 1 瓶可乐，任务是不管用什么方式自己解决午饭，同时将可乐卖掉，到下午 5 点再次回到原地，手里剩的钱最多的团队为获胜团队。

C 公司团建。在外面找了一家专业培训机构，给所有人报名了三天两夜的培训课程。早上 8 点开始上课，中午 12 点结束，午休 1 个小时，下午 1 点再开始上课，一直到下午 6 点结束。晚饭一个小时，晚上 7 点开始对当天老师讲授的课程进行小组讨论，制订本组的行动方案。然后组里推荐组员上台与大家分享方案，接受别组的提问，组里所有成员都有义务解答。如果方案需要优化，在第一轮 PK（对决）后调整方案，继续上台分享方案。一直到三轮后结束已经凌晨1点，大家回到宿舍睡觉。第二天早上8点准时开课。晚上继续是小组讨论，制订方案，分享与PK。凌晨2点，大家各自回房间睡觉。第三天早上8点准时开课……

D公司团建。团队成员一起去体验大漠的风情。在专业领队的带领下，全体成员在沙漠里徒步4天。第一天，成员们白天感受了大漠里日出与夕阳浑然的美；第二天，成员们感受了大漠夜晚的宁静，接受了“皓月当空”的洗礼；第三天，成员们的体能受到了极大的挑战，他们感受了来自同事真挚的情感；最后一天，成员们感受了“一个都不能少”的信念，最先走到终点的队员回过头来搀扶着体能较弱的队友，一步一步向终点迈进。当最后一名队友走到终点后，大家一起欢呼雀跃。

在这四家公司的团建活动中，哪个属于真正的团建呢？哪个团建起到了凝聚人心的作用，让团队的执行力变得更强呢？很显然，A公司组织了一个吃吃喝喝的团建活动。B公司设计了一个任务，让团队成员斗智斗勇，发挥各自强项。C公司组织了一个消耗脑力的团建，让成员充分发挥自己的才智，让大家感受“因为相信，所以看见”。D公司的沙漠徒步是一个让体能耗尽的团建，让大家在团队活动中释放工作和生活压力，回归真正的自然。团队成员不仅要自己动手安营扎寨，还要自己埋锅造饭。B、C、D公司的团建都达到了一个效果，那就是凝聚人心，让团队的执行力变得更强。请记住，团队建设的抓手是增强团队凝聚力，团队建设的目的是强化执行力。

五、执行力属于核心竞争力

组织立体执行力分别体现在高层、中层、基层中。高层有高层的执行力，中层有中层的执行力，基层有基层的执行力。每一个层级都要有一个信念，那就是努力强化本层级的执行力，因为执行力是核心竞争力。让企业在行业里脱颖而出的是公司研发出爆品，是技术领先，是渠道为王，是模式创新，还是找到了蓝海？这些都对，但这些都是表象，最终落脚点是组织执行力，是将研发、技术、渠道、模式等变为现实，归根结底组织执行力是基石。

企业比拼的不是人才数量，而是人才质量，有了质量才会有更好的执行力，才能让执行力发挥出核心竞争力的作用。前面我讲过企业的人力资源部要有人力库与人才库的概念，只有当人力库的人具备了执行力才能进入人才库。这里我们就人才库进行进一步分析。一家企业有了人才库，也有数量不少的人才，这家企业就具备了核心竞争力，就一定会蒸蒸日上？答案是未必。为什么呢？因为仅有人才库是不够的，要把人才库里人才的能力高效发挥出来，实现人才价值最大化，也就是把人才的执行力最大化后，才能够完全转化为企业的核心竞争力。如何让人才的执行力最大化，进而转化为核心竞争力？建议采用以下四步法，会有很大帮助。

一看：企业看人所长，人便显才能。

东晋葛洪曾说：用得其长，则才无或弃；偏诘其短，则触物无可。什么意思呢？就是组织所从事的事正好适合人的长处，那么才能就不会被废弃；片面地追究他人的短处，那么所碰到的人没有一个可用。

很多企业家都感慨："为什么我的组织里就没有几个人才，竞争对手的公司里个个都是人才呢？"这个像什么？是不是很像家长抱怨"为什么我的孩子一无是处，而别人家的孩子总是那么棒呢"？治理企业在某种程度上和管理一个大家庭是一样的道理。

从个体层面看，努力补上自己的短板并没有什么不对。但从其他角度来说，不如把补短板的时间用来发挥长板的作用，这样才能让自己的技能变成一技之长。在时间有限的情况下，先找到自己的优势，然后找到发挥这种优势的平台，再争取把优势发挥到极致，脱颖而出只是时间问题。

从组织层面看，从员工到领导，每个人都有自己的长处，组织用人，尽可能地发挥长处、规避短处。老板不用去弥补木桶的短板，补短板事倍功半，要用心把长板的作用发挥到极致，把木桶斜过来，你就会发现蓄水量也会变大。更好的办法是换一块合适的木板，把那块短板放到适合短板的地方。老板的两只眼睛要怎么用呢？一只眼睛看外部，看市场，看同行在干什么；另一只眼睛看内部，看客户的需求是否发生了变化，看自己的员工是否发挥了长处，看自己是否让客户和员工都满意了。让员工满意的因素中有一条很重要，就是让员工发挥出自己的优势，让员工得到精神上和物质上的成就感、满足感。

老板要多看中层干部，中层干部要多看自己的团队成员。看得久，看得真，才能挖掘员工的长处，久而久之，才能把长处变成才能。

二放：把人才放在最合适的位置上。

想象一下，我们让姚明去跑110米栏，让刘翔去打篮球，他们就都发挥不了自己的长处。企业用人也是如此，老板要多思考，为每个人找到最合适的位置，因为处于最合适的位置是发挥出一个人执行力的前提条件。

有一次我在北京大学给一个企业高管培训班上课，一位董事长向我咨询，他说他发现自己公司里有个A职员，说话一套一套的，但凡让他做点实事，经常就不了了之，可他是重要的人托付的重点照顾对象，什么岗位适合他呢？没等我回答，他旁边的一个企业的董事长说："这种人怎么可以留在组织里，直接开除就好了。"

我给出了我的建议：既然不能开除，不如多动动脑筋，在企业里为他寻找一个合适的位置。比如说，市场部里有一个对外展示企业形象的岗位，工作内容就是参加各种行业论坛活动，大讲特讲本企业是如何应对行业市场变化，与时俱进、紧跟潮流的。不难理解这种工作让一个有一说一、有二说二的人去做，会很难受，但交给喜欢高大上、戴高帽的A职员，可能会比较合适。企业里每个人都是有用的，找到最适合他的位置，让每个个体的执行力有用武之地，组织的价值才能得到保障。

三激：激活人才，让人才永葆活力。

从组织层面看，用人所长、人岗匹配，是发挥人才执行力的基本要求，但这还不够，还要考虑不断地激活人才，让人才库里的人才流动起来，让人才永葆斗志，这样组织才能永葆活力。

华为实施了“干部能上能下”的制度，与华为干部管理的岗位轮换制、末位淘汰制相辅相成，这三项制度配套构建起组织人才的激活体系。岗位轮换制给“干部能上能下”制度打下了基础。岗位轮换制度使人才一直处于流动状态，减少了员工从高级职位降到低级职位的心理落差和不平衡感。每年不低于5%的末位淘汰制度，让每一个层级的人都明白，不管处于任何职位，只要不胜任，就有可能被淘汰。所以每个华为人要做的只能是不断超越昨天的自己，让昨天的优秀成为今天的起点。“干部能上能下”制度，在思想上打破终身雇用的常规，保证了组织的进取性，让尸位素餐和碌碌无为之辈难以找到立足之地。

三项制度的结合，从组织层面看，是让更多优秀的员工时刻反省自己、完善自己，超越自我。以此，组织激活了人才，让人才有更多前进的压力，并将压力转变为动力，这样组织才能不断前行。

四铸：时刻打造各个层级的执行力。

有人曾经对很多想创业的老板表示，想到一个别人完全想不到的东西，这个当然最好，但是光有点子在今天这个时代也不行，还要有强大的竞争力。你想做这件事，边上有个人也在做这件事，他也是刚开始，这时你要问自己一个问题，这个到底有没有市场？如果有的话，马上就开始同步做。没什么时间差的时候，比拼的是执行力。

商场如战场，公司之间的较量到最后都是执行力之间的较量。设想如果你所在的公司，基层的执行力强于对手，中层的执行力强于对手，高层的执行力也强于对手，公司自然处于行业领跑者的位置。高层领导要真正理解执行力属于核心竞争力，其领导力的展现就在于执行力。

六、战役执行力是领导力的高级呈现

前面我们讲过，战役执行力就是组织里多个团队协同一致完成重大项目的能力。现代企业应该引入战役概念，在 VUCA 时代，移动互联网高速发展的今天，由若干团队协同实现目标成为常态，组织的协同能力已经成为组织的核心竞争力之一。

组织高层领导者的注意力需要集中在战略执行力、文化执行力和战役执行力三大执行力上。为什么呢？因为从组织立体执行力角度看，每一个层级的人员都要对目标任务负责，从组织角度审视，高层领导者的执行力必须聚焦在战略、文化、战役三方面。知易行难，想强化战役执行力，高层领导者需要从以下几点入手。

1. 明确一个概念

组织结构职责如图 3－1 所示。组织需要一个结构图，根据原则、形态、功能、层级、幅度和权限，确定采取直线制、直线职能制、事业部制还是矩阵制。同时需要一张职责交叉图，在 VUCA 时代，职责交叉、边界模糊将是常态，战役执行力的核心是目标高度一致，为了实现目标，各参战团队互相支持、协作、融合，你中有我、我中有你。

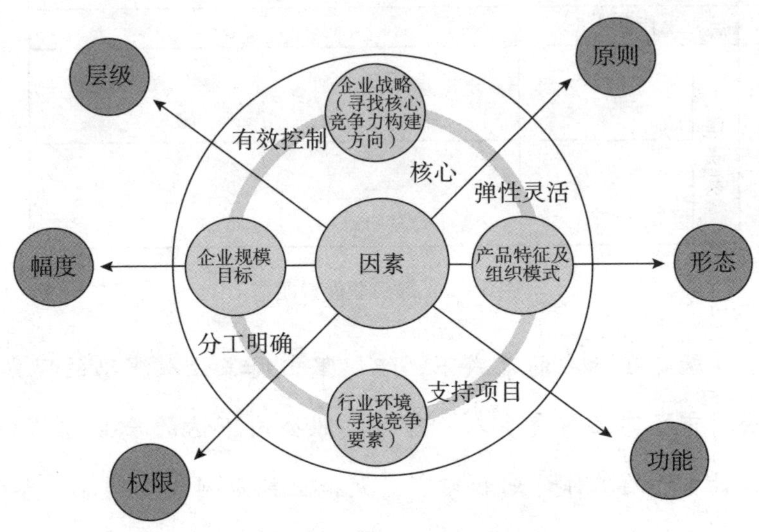

图 3－1　组织结构职责

每年年底，根据组织发展需要，组织会进行结构调整，可能新增加一些部门，也会撤销一些部门，还会将几个部门做合并处理，最终通过正式文件明确所有部门的职能。部门职能说明书的标准范式如图 3－2 所示。

<table>
<tr><td colspan="3">一、职能概述</td></tr>
<tr><td>职能概述</td><td colspan="2"></td></tr>
<tr><td colspan="3">二、部门职能</td></tr>
<tr><td>序号</td><td>基本职能</td><td>职能描述</td></tr>
<tr><td>1</td><td></td><td></td></tr>
<tr><td>2</td><td></td><td></td></tr>
<tr><td>3</td><td></td><td></td></tr>
<tr><td>4</td><td></td><td></td></tr>
<tr><td colspan="3">三、工作联系对象</td></tr>
<tr><td rowspan="2">工作联系</td><td></td><td></td></tr>
<tr><td></td><td></td></tr>
</table>

图 3－2　部门职能说明书

就是在标准的范式下，组织里出现了让人深思的现象。A 公司市场部品牌负责人，每年按照公司下达的产品宣传预算，设计自己的工作计划和内容，大抵上就是制作宣传品，参加展会活动，在行业期刊发表文章，进行公司官网维护。某年年底，公司召开研讨会，研讨主题是如何将核心业务快速做大。当邀请品牌负责人参加会议时，他一头雾水，说道："我只负责品牌工作，业务如何做大和我有什么关系呢？"旁边同事听到后，说道："怎么和你没有关系？公司投钱做品牌，就是要把销售做起来，品牌当然影响销售了。""我觉得不对，品牌是品牌，销售是销售，业务部门的事情找销售部去，和品牌没有关系。"会议还没有开始，两个人就已经争执起来。

高层领导者们需要思考的问题是什么？每个员工的思维能力是有区别的，有的擅长联想思维、逆向思维、移植思维、聚合思维、逻辑思维，也有的只是直线思维，典型代表就是上文提到的品牌负责人。所以组织要构建战役执行力，首先要让全员明确一个概念，组织里的每个个体都不是独立存在的，每个部门都不是把领导交给本部门的工作做完、做好就可以了。要思考清楚为什么做这个事情，与其他部门有什么关联，与组织战略有什么关联，形象地说，就是要看看"左邻右舍"。

组织不能只有结构图，还需要职责交叉图，让每个部门都明白自己职责的边界与哪个部门有交叉融合，交叉融合的程度有多大。有了职责交叉图，很多人才能意识到我为你负责，你也为我负责，才会真正明白自己负责的工作内容。如图3－3所示，拿刚才市场部品牌负责人的工作内容为例，用职责交叉图展现，可以看他关联了多少部门，他所负责的工作内容和多少部门是双向获取的关系。

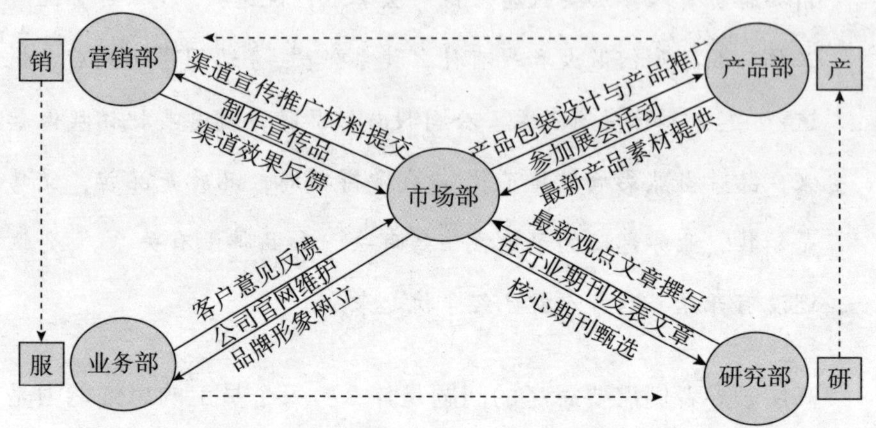

图 3-3 市场部品牌负责人职责交叉图

2. 培养两个能力

组织战役执行力，通常来说是部门与部门之间的协同作战能力，部门职员协同能力至关重要。那么高层领导者要明白，在日常工作中，就开始培养中层干部的两个能力。

第一个能力：跨部门思考问题，把工作价值最大化的能力。

B 君负责招聘网站的技术支持工作，有一个业务部门的客户需要向社会招聘，要在招聘网站把招聘信息发布出去，然后等待应聘者报名。简历审核筛选后，按照常规流程进入笔试、面试、心理测评等环节，最终录取合适的人员入职。在这个流程中，B 君所带领的团队负责为招聘网站提供技术支持，解决网站无法登录、简历填写错误、页面提交失败等琐碎问题。

上级领导与B君交流过后，给他布置了一项任务。让他除了把本职工作做好外，还要思考如何把这个招聘网站的价值最大化。B君思考一段时间后，找到上级领导汇报。第一，招聘网站目前积累了20万条人才简历，可以尝试做分类，与猎头部门关联，提供候选人信息；第二，在招聘信息发布时加入职位薪酬区间选项，未来可以与咨询部门关联，提供行业薪酬数据；第三，招聘网站首页可以增加个人求职培训模块，与培训部门关联，把C端（客户端）个体职业生涯规划做起来；第四，招聘网站首页可以增加招聘流程一体化广告，把线上招聘信息发布与线下招聘服务关联起来，用引流模式探索流量经济。

企业可以通过多种方式，不断培养干部的跨部门思考问题能力。对于组织而言，不仅要把一项工作的价值最大化，还要为未来强化战役执行力做准备。

第二个能力：协同作战能力，从提高项目管理能力入手。项目管理能力是组织管理者必须具备的基本能力。在这里结合协同作战讲一下项目管理的四个阶段，即识别需求阶段、提出解决方案阶段、执行项目阶段、结束项目阶段，培养启动、规划、执行、监控和收尾的能力。

A公司决定梳理5个不同业务部门的服务项目，最终形成对外的整体产品手册。领导交由经营管理部A君牵头负责，成立了执行项目小组，项目小组成员由业务部负责人、市场部负责人、销售部负责人、研发部负责人组成。研、产、销、服全部囊括在内，按道理来说这个项目难度不算大，项目管理会很容易，可最终的结果却让所有人都大跌眼镜——成了一个豆腐渣工程，严重偏离了最初的设计。

究其原因，就是项目管理能力出了问题。第一，在识别需求阶段，A 君一开始就没有想明白最终做出来的产品手册是为谁服务，是作为给内部销售人员的内训教材，还是面向客户，从客户的视角看待产品手册的推介内容。虽然是同一个产品，但面对不同的读者是需要做不同考量的。第二，在提出解决方案阶段，A 君原本计划这项工作 4 个月完成，领导一听就着急，怎么可能等那么长的时间，销售部门还等着产品手册尽快制作出来，然后才可以开展拜访大客户的工作。于是领导要求缩减到 2 个月完成，A 君只能应允。但是时间缩短一半，A 君却忘记重新考虑整个项目的流程推进速度，忘记与项目成员交流沟通，达成共识。第三，在执行项目阶段，没有控制好每个流程的时间节点，导致前端人员向各个业务部门索要原始素材就占用了一个半月时间，然后 A 君甩手给后端人员，要求务必在半个月之内对文字内容进行编辑，设计并印刷成册。时间管理出了严重问题，很显然这是个根本无法完成的任务。前三个阶段出了问题，环环相扣，在结束项目阶段也就出现了项目成果——产品手册质量不过关的尴尬局面。

强化组织战役执行力，需要日常多练兵，一方面多创造一些有意识、有目的的需要多部门配合作战的机会，另一方面把项目管理能力作为干部战役执行力的子能力予以重视。项目管理能力强的干部更能理解高层领导在指挥一场战役时对参战团队战斗力的需求。20多年来，对绩优干部的研究分析结果说明，项目管理能力强的干部更具备大局观意识、系统思考问题能力、资源协调能力和沟通能力。

3. 干三件事情

第一件事情：增强每个单元的战斗力。

我曾经两次考察过京东大学，京东大学组织架构如图3－4所示。我并不诧异于组织架构的复杂性，而是对于京东大学的运作模式颇感兴趣。京东大学面向京东内部员工，课程包括提供给高层的未来领导者等高端课程，提供给中层干部的领导力中心等9级课程，以及提供给基层员工的通用力中心设计的系列课程。公司可以用行政手段要求每一个业务单元参加京东大学的课程学习，同时要求京东大学的老师们在内部市场上宣传自己设计的课程，自主招生。如果课程没有吸引力，没有实际效果，各业务单元成员可以不参加。在上课的时候，他们可以不用上交手机，一旦发现课程很无趣、不实用，可以玩手机或者直接退课。员工参加京东大学的内部课程学习不是免费的，需要自己掏腰包付学费。

我认为，京东创新企业内部培训机制在两方面取得成效。一方

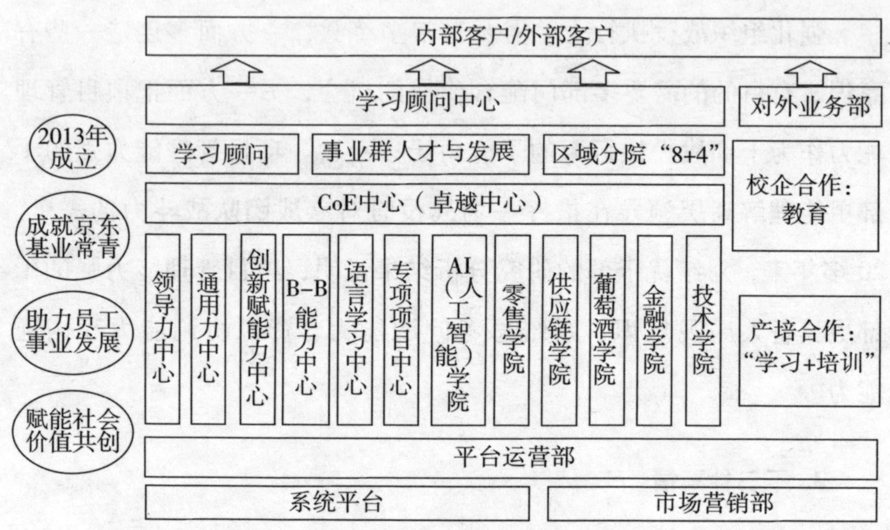

图 3－4　京东大学组织架构

面是有效降低企业熵值，在企业内部形成良好的供需生态，互相成就供需双方。另一方面则是通过内部市场化运作，促进每个业务单元努力提升自己的战斗力，这种方式让每个独立的业务单元更具备竞争性。

第二件事情：搭个台子，开好复盘会。

不好的组织里经常会出现这么一种现象，当面不说，背后说。当面都是你好，我好，他好，结果年底匿名考核的时候，给同级干部的分数相当低。领导们也经常纳闷，不是平时都挺好的吗？怎么年底分数都不高，组织业绩上不去呢？

这个时候高层要干一件事情，搭个台子，开好复盘会。复盘会能够帮助大家逐渐习惯对事不对人。这里的技巧有三点。第一，协同作战的项目结束后开个复盘会，会议上高层领导者一定要起好头，把大家发言的方向聚焦在如何使项目更加优化，如何改进提升上。第二，会议内容切忌假大空，必须让每位参与项目的成员列出实质性、有意义的干货，对列出问题要改进、落实，还要列出改进步骤。第三，会议主持人角色很重要，必须全程把握会议走向，切忌走形式，不要把复盘会开成了庆功会。

第三件事情：绩效考核设计科学化，把各部门关联起来。

图 3－5 为某大型集团下属 A 公司××部门总经理经营业绩考核指标说明及评分标准。当然每个业务部门总经理的考核权重会有所区分，但从该图中，我们看不到业务部门与中台部门的关联，更看不到业务部门与后台部门的关联。

经济效益指标50%								
指标类型	序号	指标名称	指标性质	指标定义/公式/评价维度	指标权重	数据来源	评分标准	
经济效益指标								
经营规模指标25%								
指标类型	序号	指标名称	指标性质	指标定义/公式/评价维度	指标满分	数据来源	评价标准（KPI）/目标值（GS）	
经营规模指标								
发展能力指标10%								
指标类型	序号	指标名称	指标性质	指标定义/公式	指标满分	数据来源	评价标准（KPI）/目标值（GS）	
发展能力指标								
运营管理指标15%								
指标类型	序号	指标名称	指标性质	指标定义/公式	指标满分	数据来源	评价标准（KPI）/目标值（GS）	
运营管理指标								
附加指标10%								
指标类型	序号	指标名称	指标性质	指标定义/公式	指标满分	数据来源	评价标准（KPI）/目标值（GS）	
附加指标								

图 3－5　A 公司××部门总经理经营业绩考核指标说明及评分标准

我们再看一下前面讲到的职责交叉图，从组织层面上，部门与部门之间也需要考虑在考核指标上做关联。为什么？因为前台、中台与后台部门之间都存在双向作用力，如果单纯考核前台部门的业绩，就会导致业务部门认为自己是挣钱的部门，中台部门和后台部门是花钱的部门，不管前台部门的需求是否合理，中台部门和后台部门必须无条件支持，而前台部门从没有想过自己也有义务为中台部门和后台部门反馈信息。实际上，组织里前台、中台和后台部门都是为了组织达成目标而各司其职的，并不能说中台部门和后台部门不创造价值，只是花钱养人的部门。

B 公司××部门总经理经营业绩考核指标说明及评分标准如图 3－6

经济指标50%							
指标类型	序号	指标名称	指标性质	指标定义/公式/评价维度	指标权重	数据来源	评分标准
经济效益指标40%							
经营规模指标10%							
协同关联指标25%							
指标类型	序号	指标名称	指标性质	指标定义/公式/评价维度	指标满分	数据来源	评价标准（KPI）/目标值（GS）
协同关联指标25%							
发展能力指标10%							
指标类型	序号	指标名称	指标性质	指标定义/公式	指标满分	数据来源	评价标准（KPI）/目标值（GS）
发展能力指标10%							
运营管理指标15%							
指标类型	序号	指标名称	指标性质	指标定义/公式	指标满分	数据来源	评价标准（KPI）/目标值（GS）
运营管理指标15%							
附加指标10%							
指标类型	序号	指标名称	指标性质	指标定义/公式	指标满分	数据来源	评价标准（KPI）/目标值（GS）
附加指标10%							

图 3－6 B 公司××部门总经理经营业绩考核指标说明及评分标准

所示。两者的差异就在于多了一个协同关联指标，而且B公司根据发展需要，把协同关联指标占比定为25%，可见组织对于内部协同的重视度。这么高的权重，自然会让所有部门干部在日常的工作中思考自己部门的工作如何与关联部门协同。考核是指挥棒，有了协同关联指标便能时刻提醒部门干部要有协同作战的意识。在日常工作中，要开展协同工作，做起来，落到实处。长此以往，组织的战役执行力将在日常点滴中慢慢被打造出来。一旦真的遇到大战役，需要几个部门同时冲锋，相信会出现并肩作战的场景。

第四章

战略执行力与文化执行力

战略执行力能帮助企业实现战略目标，战略执行力离不开文化执行力，战略执行力的构建要以文化执行力作为支撑。

本章以执行力为主线，介绍了组织的战略执行力与组织的文化执行力，并就战略执行力与文化执行力的关系进行了阐释。

一、组织的战略执行力

1. 战略与愿景和使命的关系

这里先简单解释一下战略与组织愿景、使命的关系是什么。或者说战略的前面有愿景和使命，如何理解三者的关系呢?

如图 4 – 1 所示，愿景与使命从总体上描述了企业发展的前景和企业存在的理由，只有将它们转化为具体的战略目标，才能保证企业健康、快速和可持续发展。

可做是机会，该做是约束，能做是实力，想做是偏好，敢做是魄力，拟做才是战略。我在多年的研究中发现，战略的制定务必要脚踏实地，一分一毫都不能虚。否则在执行力闭环的 PDCA 循环[①]中，计划都是飘在空中，执行、检查和处理就更没有可能落地。组

① 又称戴明环，其含义是将质量管理分为四个阶段，即 Plan（计划）、Do（执行）、Check（检查）和 Act（处理）。

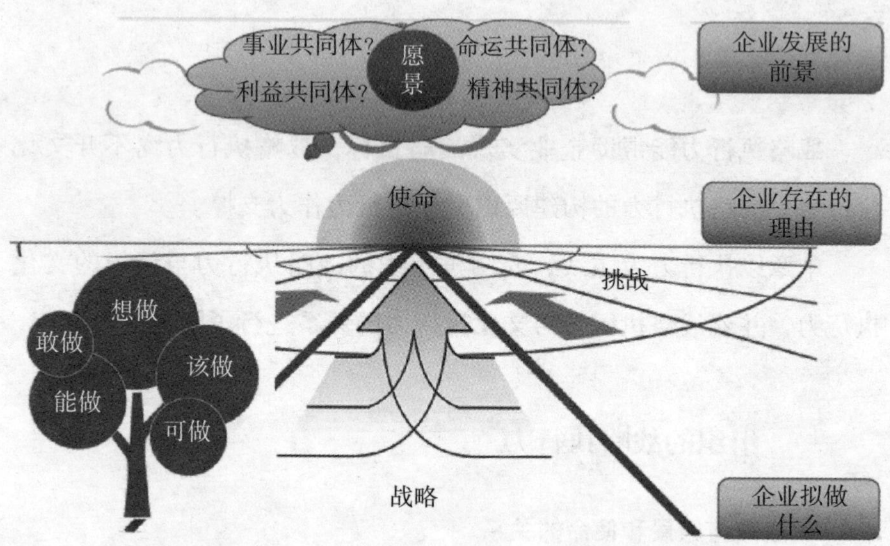

图 4－1　战略与组织愿景、使命的关系

织战略解决的是方向性问题，所以在设计环节中就要做系统考量，组织的结构如何做支撑？目前或者是未来的业务模式如何调整？技术、创新原动力来自哪里？在实际操作中，还要思考 IT（信息技术），中台和后台部门的支撑能力等相关联的系列问题。

2. 战略分析、战略聚焦、大小闭环战略管理

能让领导者达到运筹帷幄之中，决胜千里之外这个境界的法宝就是战略管理。优秀的领导者一定是卓越的战略管理者。具体来讲，要重视战略分析、战略聚焦、小闭环战略管理和大闭环战略管理四个方面。

第一，重视对经营环境的研究，进行战略分析。

领导者需要充分了解外部市场环境，分析行业趋势及变化，甚至跨界者的举动，因为我们早已经进入一个跨界颠覆的时代，有的时候不是对手打败我们，而是跨界者颠覆了整个产业模式。同时，领导者需要关注组织内部环境，分析自身的竞争优势和劣势。外部环境和内部环境都掌握，才能更好地利用自身内部优势，更好地把握市场机会，增强企业对外部环境的适应能力。战略分析是做出正确决策的基础，认识和研判经营环境，为战略的制定指明正确的方向。

第二，重视对战略方案的研究，进行战略聚焦。

未来总是充满不确定性，研究战略方案就是在市场因素、政策因素、资源因素和管理因素等各种不确定和不完全确定因素中，寻找发展的确定性，尽最大可能降低企业发展的风险。要想做强、做大、做优企业，就要学会取舍，把资源投入重点发力的业务板块，而不是泛泛地搞平均主义。

第三，重视对战略的落地执行，进行小闭环战略管理。

三分战略，七分执行。一流的战略，三流的执行，很可能失败；而三流的战略，一流的执行，很可能成功。如图 4－2 所示，这里以人力资源部门为例，来说明怎么做小闭环战略管理，如何才是真正的闭环结构。

第四，重视对战略的落地执行，进行大闭环战略管理。

除了小闭环管理，在庞大的组织机构里，存在着很多业务部门、

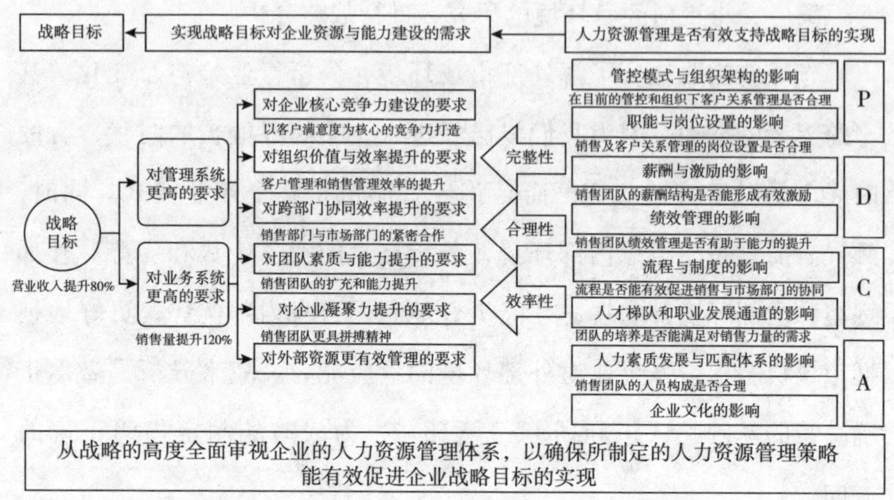

图4－2　小闭环战略管理

中台部门还有后台部门，或者叫职能部门。在大闭环中，我们会发现对于组织而言，只有实施了的战略才能变成现实，否则，战略就只是海市蜃楼、空中楼阁。战略实施需要把战略规划与经营管理结合起来，把战略目标和战术打法结合起来，把总体目标和局部目标结合起来，把长远目标与短期目标结合起来。如图4－3所示，大闭环战略管理还要考虑层层推进，将公司总战略分解到各个作战单元，最终确认应该选择什么样的战术。

3. 战略的可执行与可修正性

如图4－4所示，我们先来看一家知名人力资源机构做的三年战略规划，从目录结构上看似乎涵盖了所有要素，但三年过去了，该企业的战略早就被束之高阁，原因何在？这种战略设计属于上卷，

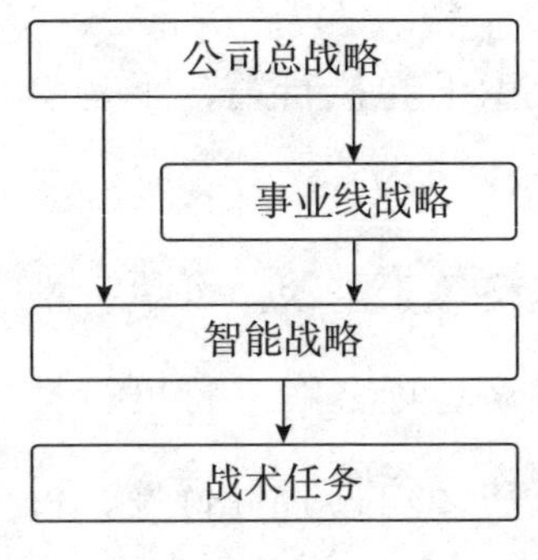

·强调“做正确的事情”，如增长（发展）战略、维持（稳定、防守）战略、紧缩（撤退）战略、组合型战略

·即“在我们的每一项事业模块里应当如何进行竞争”，如成本领先战略、差异化战略（别具一格战略）、集中化战略

·即“我们应该怎么支撑总体战略和事业层战略”，如市场营销战略、人力资源战略、财务战略、生产战略、研发战略

·强调“如何将一件事情做正确”，重在具体事情的方式、方法、规范等

图 4－3　大闭环战略管理

目录

第一部分　问题的提出……3
第二部分　某公司未来发展面临的环境分析……8
　一、政策环境分析……8
　二、行业发展与趋势分析……10
　　（一）服务业发展现状……10
　　（二）服务业发展趋势……12
　三、某公司与竞争对手的比较分析……15
　　（一）某公司与竞争对手的比较……15
　　（二）某公司的机会-威胁-优势-劣势（SWOT）分析……17
第三部分　某公司未来发展战略分析……20
　一、愿景及使命……20
　　（一）愿景……20
　　（二）使命……20
　二、战略目标……20
　　（一）战略定位……20
　　（二）战略目标……21
　　（三）经营理念……21
　　（四）核心价值观……22
　三、未来三年整体竞争战略选择……23
　　（一）为什么我们会选择差异化竞争战略……24
　　（二）某公司实行差异化战略的关键优势……24
　　（三）某公司实行差异化战略需要的关键能力……26
　四、某公司未来三年战略实施部署……29
　五、战略任务……47
　　（一）任务一……47
　　（二）任务二……48
　　（三）任务三……50
　　（四）任务四……53
　　（五）业务探索……54
第四部分　结语……54

图 4－4　某公司三年战略规划目录

下卷涉及的事业单元及职能部门战略地图、平衡计分卡和战略行动计划表才是关键所在。只有上卷设计篇，缺少下卷执行篇，于是整个战略便缺乏可执行性。

战略一定要有可执行性，无法执行的战略等于空谈。可执行性是指运用科学的程序、方法和技术对企业战略管理方案进行可行性推断，预测方案的可行性。战略要想获得成功必须具有可行性，可行性是指在现有的主客观条件下，战略能够实施的程度及效果，它是衡量战略决策正确性的标志。战略并不是空洞的东西，也不是贴在墙上的标语，而是实实在在的、能够左右企业能否持续发展和持续盈利的重要的决策参考系。有了战略，就可以制订计划和任务并落地执行。

IBM（国际商业机器公司）曾经陷入了很长一段时间的低谷期，在路易斯·郭士纳接手之前的IBM，并不是没有战略。相反，IBM的档案柜中早已存放了大量的宏伟蓝图和规划文稿，甚至在行业的重大技术发展趋势上，IBM也不缺乏预测，但是缺少行动。或者说，缺少解决问题的简单易行的方法，规划和战略形同虚设。路易斯·郭士纳在接手了IBM后，改变了以往思想巨人、行动矮子的做法，他倡导实施、关注实施、重奖实施，因为他深知如果每个人每天都能完成一个小目标，那么三个月、半年以及一年后，就一定能实现阶段性的目标，企业也就接近最初的战略目标。

如何确保战略是可以执行的？通常情况下，企业会有董事会、战略管理部门，在制定战略的时候还会成立战略小组，把所有业务单元和职能部门全部纳入，按照标准步骤，各司其职，做好战略规划准备、扫描内外部战略环境、拟定战略规划报告、拟定业务战略和职能战略。最重要的是一定要有达成共识的战略地图、平衡计分卡和战略行动计划表。

在实施阶段，我们还要关注战略的修正。进行战略修正的原因有很多。

第一种是战略的长期稳定性与战略环境的多变性之间发生了矛盾，如果不对战略行动方案进行修正，就会严重脱离实际或偏离战略目标，带来不良后果。某家集团公司成立了下属软件公司，其目标就是在行业里做到不再“租船”，自己“造船”，未来好“扬帆出海”。10 年前，其获得了 1000 万元注册资本金，职业经理人带领团队花费两年时间研发出一款绩效考核软件。因为没有及时根据业务快速发展对信息系统的需求变化对该款软件进行调整，其一开发出来就成为废品。该绩效考核软件销售报价近 10 万元，而同类型的产品市场报价在 3000 元左右。这种战略上的闭门造车，必然导致战略无法落地，终致公司严重亏损，进入清算序列。如果当初，该职业经理人明白战略不仅要正确，而且要根据市场变化及时修正，及时调整战略方向，就不至于造成如此惨烈的败局。

第二种是在战略执行过程中，主责人产生了明显的失误，带来了巨大风险，迫使企业修正战略。某家集团公司空降 CEO（首席执行官)，该CEO还没有真正了解所在企业的资源特点，就武断地下结论，让现有的招聘网站对标行业的前三大招聘网站做改版，主张要站在珠穆朗玛峰的高度设计战略，要用流量经济创造效益。可想而知，又是百万元的投入打了水漂。

第三种是提前完成任务。比如由于组织得力，措施得当，领导者善于捕捉战略时机提前完成阶段性战略任务，也需要对战略进行修正。总而言之，战略修正是在战略执行过程中产生的实际结果与预期目标有明显差距时进行的战略方案的修改。根据实际因素，可以是局部性的修正，也可以是总体战略的修正。优秀的企业领导者们深谙一个道理，那就是实践是检验战略的根本标准，只有在实践中不断修正战略，才能保证战略行动的成功。

第四种是战略执行过程中发现问题，需要对战略执行实行修正，这里把这种情况也归到战略修正范围里。这种情况是战略方案具备可行性，而由于实施过程中对战略方案实施的关键要素理解偏差，造成战略背离客观实际，这种情况一旦发现，就必须及时对战略执行进行修正。某家集团公司为了扩大市场占有率，新设置一个部门——大客户部，很显然是为了开拓VIP（贵宾）客户，谈大单，挣大钱。在实施阶段，却没有从企业内部现有的业务部门里选拔出一个绩优人员挑起大梁，相反从外面招聘来一个不懂企业核心业务的人员，结果可想而知，浪费了一年的时间，该人员连VIP客户到底是谁，到底在哪里都没有搞清楚。如果及时修正战略执行，改由熟悉集团核心业务的人担任大客户部经理，就能够及时改变不利局面。

总而言之，在企业经营中，成本永远有节省的空间，利润永远有提升的余地，运营永远有简化的可能，战略也永远有调整的必要。

4. 企业执行力差的原因

有一种说法，“世界上最难的管理是从战略到执行”。不是制定一个科学、前瞻、可执行的战略就可以高枕无忧，让各部门按照战略执行，就可以超越竞争对手。大量实证研究结果显示，85% 的企业战略最终的执行结果是失败的。究其原因，不是战略本身的问题，而是执行出了问题，导致战略没有落地。战略落不了地，就会导致“上边热、中间温、下边冷”“目标热、实施虚、结果冷”。战略成功的关键，在于执行。战略制定出来进入实施阶段，谁是责任主体？是中层，是基层？我的观点是，责任主体应该是高层，战略没有落地，板子要打在高层身上。为什么呢？我们先来分析一下是什么原因导致了企业执行力差，自然就可以理解我为什么主张对于战略执行是高层主责、中层共识、基层落地。

原因一：沟通不顺畅，共识未达成。

企业花费很大的精力制定了清晰的战略，然后在企业一定层级干部参加的会议上进行宣讲，再通过各种方式下发给各部门学习、领会、贯彻落实，这种形式达不到实质效果。战略未能彻底宣传到位，高层与中层还没有达成共识，如果中层都没有理解到位，又如何传达给团队成员呢？所以在很多企业，95% 的员工对企业战略是不清楚的，是没有感觉的。这样就只是为了战略而做战略，而不是为了实现企业愿景目标而去努力做好自己应该做的事情，更谈不上在理解战略的基础上满怀激情地努力工作了。连干部和绝大部分员工都不理解公司为什么要这么做，如何去做正确的事情，如何才能把事情做正确，那这个战略就失去了意义。方向迷失了，公司内部就会出现“等”“靠”“要”等各种被动工作行为。

原因二：职责不清晰，踢皮球、打太极。

企业治理结构、组织架构设置完成后，部门职能定位会更加清晰。但是，在具体工作方面，一些过往遗留问题造成的流程不畅、管理授权不合理、汇报指挥交叉重叠、责权利不对等情况仍会存在。高层需要对“交接棒区”做梳理，不断审视战略执行过程中出现的偏差，找到根源并解决。因为这种问题是组织层面的，并不是某个中层干部的问题，需要高层管理者把矛盾点疏通开才可以得到解决。如果高层不关注战略实施的过程，这些问题会影响到企业组织执行力发挥，而且如果没有梳理清楚的话，很容易造成企业内部自设“部门墙”，出现相互推诿扯皮、避重就轻、管理内耗和执行力低下等诸多问题，也很容易削弱团队士气和挫伤中层与基层员工的工作积极性、主动性。

原因三：制度不完善，基础执行力薄弱。

很多企业拥有一系列的制度和各种工作流程，但依然面临制度和流程执行不力，尤其是缺乏制度和流程产生与执行的保障机制。制度和流程执行不力原因也有很多，例如，高层不重视，表现在过问少、关注少、参与少；产生程序不科学，表现在制度流程建设个人化、岗位化、部门化，而不是集体化，政策设计与环节设计程序不合理，没有征求企业管理层、相关部门或者核心骨干员工的意见和建议，大家对公司的制度、流程存在不认同和不执行的“死结”；制度内容不完善、不成体系，企业里一个高管负责一摊事务，制定一个或者几个制度，多个高管制定的若干个制度之间不衔接、不完整，执行中经常“打补丁”；企业发展聚焦管控，没有空间、没有赋能，高层一门心思钻研管理、控制。流程设计烦琐，审批环节较多，运营效率低下，上下抱怨，最后虽管住了“问题漏洞”，但也让企业慢慢失去了“发展机会”。

原因四：忽视 HR（人力资源）部门，人员匹配不到位。

人是影响企业组织执行力和个体执行力重要的能动性因素，企业管理者和员工队伍的素质、能力和经验等都会影响到他们对企业战略、经营计划和工作执行的理解与表现。与企业战略配套的子战略首先就是人力资源战略，没有人力资源战略的支撑，企业战略就是老板自说自话。人力资源战略首先要实现与之相匹配的人才战略，解决人岗匹配问题。如果没有把合适的人放在合适的位置上，企业“帅”“将”“兵”的角色搭配失衡或者配置不合理，都会导致组织执行力低下，战略的执行陷入有心无力的状态。

原因五：监督不到位，过程失控。

“人性本善还是人性本恶”是一个被世人争执了很久但依旧没有得出结论的话题。放入企业中看，人性本善是相信员工有主动性，可以自觉地按时完成分配的任务。人性本恶则认为，很多员工“惰性”很强，还有很多“聪明”的员工喜欢“走捷径”和“找借口”，也有个别员工上班就是在琢磨怎么挑公司毛病或者如何与上级对着干。企业中永远会存在这两种类型的员工。大量的管理实践证明，如果没有工作过程的监督、指导、矫正和结果的评估考核，很多工作其实是无法达到预期效果和目标的。

原因六：薪酬和考核激励制度缺乏策略性，与战略不配套。

企业的薪酬和考核激励制度要根据战略的变化而随时调整优化，要让员工清楚在战略的实施过程中自己付出努力后应该获得的利益。这种获得不能僵化，要随着战略实现过程的变化而进行策略上的调整，要足以保证员工的工作激情和内驱力的爆发。如果薪酬和激励制度与战略不配套，就会出现只管眼前不想战略的情况，就会严重挫伤中层和员工的工作积极性，而工作积极性又与工作执行力成正比。

总之，组织执行力就是使企业战略目标落地的执行能力，组织执行力的强弱直接决定了这个企业战略目标的实现程度、实现速度和实现效果。没有强大的组织执行力，战略落地就无从谈起。高层必须对战略的落地负主要责任，务必要与中层深入交流，达成共识。

日本实业家稻盛和夫深谙此道。他从年轻时开始，每次设定工作目标都会召集事业部的所有员工一起开会。关于目标如何具体展开，乃至实现目标的社会意义，他都会向员工彻底讲明白。以至于到后来，他可以从员工接受工作指令时的回答中预测目标达成概率。比如，员工只轻轻回答：“好，知道了”，那么目标达成只有30%的可能性。如果员工用强有力的口吻回答“我们一定全力以赴”，那么成功的可能性就达到了50%。如果经营者将自己的能量传输给员工，让他们感觉到“这是我们自己的事业”，那么成功的概率就达到了90%。在确保员工完全接受、明白任务之时，稻盛和夫常常弄得自己精疲力竭，他表示，这个过程就像是通过话语来将自己的能量转移到对方身上。

当代管理大师肯尼斯·布兰查德在其著作《一分钟经理人》中指出，在相当多的企业里，员工其实并不知道经理或者企业对自己的期望，所以在工作时经常出现“职业偏好病”，即做了过多经理没有期望他们做的事，而在经理期望他们有成绩的领域里却没有建树。造成这样的情况，完全是由于经理没有为员工做好目标设定，或者没有把目标设定清晰地传递给员工。

5. 组织战略与组织战略执行力

组织战略是指组织为自己所确定的长远性的主要目标与任务，以及为实现此目标及完成此任务而选择的主要行动路线与方法。所谓战略规划就是指组织制定战略的过程，这些战略细分成人力资源战略、经营战略、成本战略、产品战略、研发战略等。组织战略执行力就是为了实现战略目标所进行的组织保障、人力资源配置、技术支持、市场营销、协同作战、绩效考核等工作的综合能力。无论是公司战略、业务战略，还是保障体系，所有的一切放入组织立体执行力中最终都考量执行力因素。这里提出两个要点。

要点一：组织战略执行力关联管理。

很多国有企业都会在本年度第四季度开始，做下一个年度的经营预算。A 公司的经营预算会议向各业务部门老总展示了经营预算内容，如图 4－5 所示。

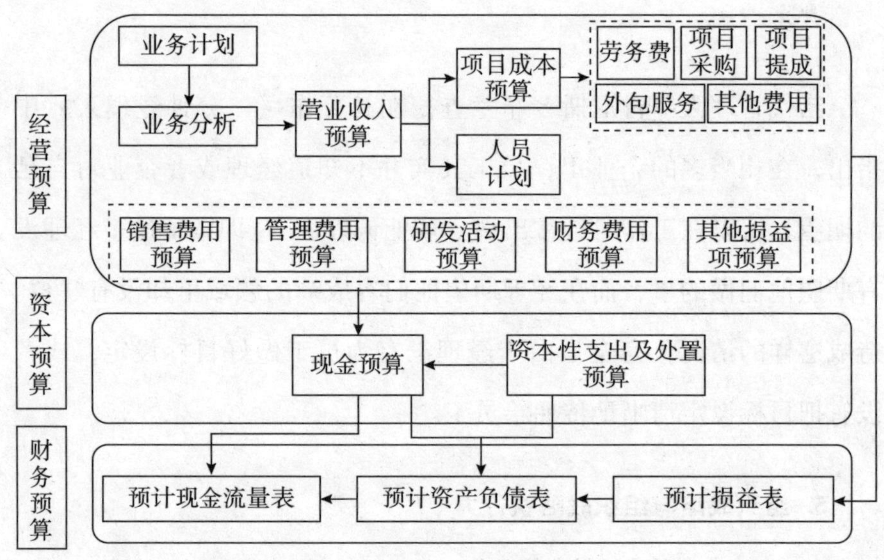

图 4－5　A 公司的经营预算内容

从财务部门的角度，当然是关注营业收入、营业成本、营业利润、利润总额、净利润、归属于母公司所有者的净利润、资产总额、负债总额、所有者权益总额、归属于母公司的所有者权益总额、经营活动产生的现金流量净额等指标。如果你所在企业的预算会议也是由财务总监来负责，恐怕最终的结果呈现就是一堆数据。为什么次年的最终业绩达成和预算有很大的偏差呢？原因就在于组织战略执行力的关联管理出了问题。组织是一个庞大的系统，财务数据展现的产出只是最后一个环节。如果不做关联管理，或者是关联管理能力不强，那么组织的战略执行力也会出现问题。B 公司的经营预算内容如图 4－6 所示。

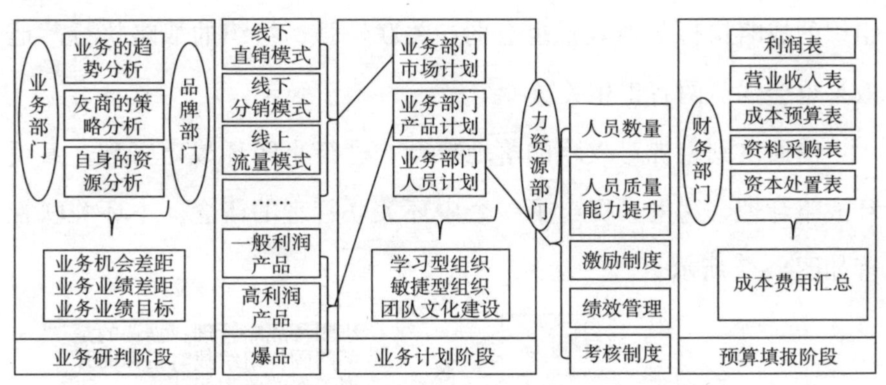

图 4－6　B 公司的经营预算内容

详细展开，倒推预算，各业务部门老总需要先思考的是来年的业务计划，业务计划又是由业务研判推导出来的。特别是在人员计划中，更要关注关联管理。人员定岗、定责后，要关联其工资待遇，做薪酬管理，然后要考虑配套的激励制度，有奖励才能激发人员的积极性。既然有任务，就要考核业绩，绩效管理和考核制度也需要配套。考核是指挥棒，考什么，员工才会做什么。考核的指标是多维度的，设计了权重，还要关联权重比例。

关联环在哪里？业务部门对于行业趋势的判断需要市场调研团队的支持，业务部门开展的市场计划需要品牌部门的支持，业务部门引进新鲜血液需要人力资源部门招聘团队的支持，等等。企业里不能只讲情怀，如何把“打粮食”的前台部门、提供“种子”的中台部门与提供“肥力”的后台部门捆绑在一起呢？关联管理是关键。用绩效考核做关联，你中有我，我中有你；用文化做关联，建立协同发展的氛围。没有关联，组织的战略执行无法落地；关联性弱，组织的战略执行落地效果也会弱；关联性强，组织的战略执行落地效果也会强。两者正相关。

前面讲到重视对战略的落地执行，进行小闭环战略管理，大闭环战略管理。这里又提出了一个中环关联管理的概念。中环关联管理如图4－7 所示。

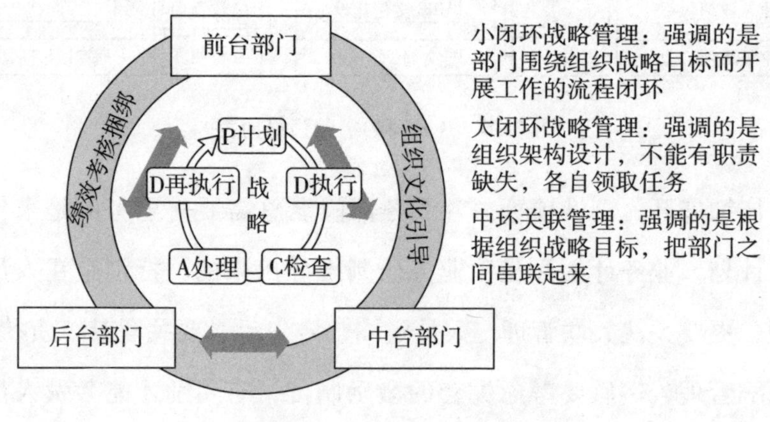

图4－7　中环关联管理

小闭环战略管理强调的是部门围绕组织战略目标而开展工作的流程闭环，在 PDCA 循环基础上再加入一个 D（再执行），强调目标不变，可以调整思路，换条路径再出发。大闭环战略管理强调的是组织架构设计，围绕战略目标，把所有职责放入部门中，不能有职责的缺失，同时组织里前台、中台和后台部门围绕组织战略目标各自领取任务。中环关联管理是根据组织战略目标，用绩效考核设置、组织文化引导等方式把组织内各个部门之间串联起来，这样才能达到"胜则举杯相庆，败则拼死相救"。

要点二：组织战略执行力韧性管理。

谁也没有想到，刚刚进入2020年，新冠肺炎疫情突发。企业无一幸免地被卷入这场旋涡，并采取了不同的应对措施。

新潮传媒2020年2月10日复工第一天，就因为业务减少，人员相对冗余，宣布裁员500人（公司10%的员工）。新潮传媒CEO表示，如果无法复工，企业账面资金仅够支撑本企业存活6~7个月，期望政府可以做点什么。K歌之王宣布与全部员工解除劳动合同。西贝餐饮董事长贾国龙首先发声，企业账面资金仅能支持存活3个月，如果行情不能尽快恢复，公司将陷入非常困难的境地。老乡鸡董事长束从轩，亲手怒撕多名员工申请不要工资的联名信，保证不裁员，确保全体员工有饭吃、有班上。诺亚财富公司高管降薪，同时倡议员工无薪休假、留职停薪。携程CEO孙洁和董事局主席梁建章实行0薪酬制，其他高管自愿降薪，最低半薪。

企业一般有三类行为表现：第一类是裁员；第二类是发声，希望政府可以给予帮助；第三类是自己想办法，保证不裁员、不降薪，保证企业正常运转。

这里我们不去评价企业做法是对是错，是好是坏，只想从组织战略执行力层面探讨组织韧性管理问题。什么是韧性？其概念源自物理学，20世纪70年代以后被引入生态学、工程学、心理学和管理学领域。对于组织而言，韧性就是组织的高稳定性，是动态重建战略和业务模式以应对不可避免之变化的能力，是适应不同外部环境需求的能力，是组织在危急时刻仍然能够保持生存和发展的潜在能力。

组织战略执行力韧性管理不是指组织在设计之初要考虑留有余地，以应对来自市场上的不确定性，而是指组织要有足够的能量，可以应对突如其来的各种风险。

青岛啤酒董事长黄克兴带领全员，通过一系列行动化危为机，展示出了组织战略执行力韧性管理的强大能量。2020年，最先受到疫情影响的餐饮行业拉响了警钟，对于青岛啤酒而言，面临的现状就是渠道受阻：酒吧停业，餐饮关门，超市消费几乎停滞。供应链条的每一个环节都被按下了暂停键。而此时青岛啤酒遍布全国各地的约5万名员工的安全更是让黄克兴彻夜难眠。作为一家上市公司，青岛啤酒2月份产品销售几乎停滞。但是在不到一个月的时间里，组织韧性管理开始发挥了强大作用。3月份销售额降幅收窄，4月份和5月份销售额开始恢复增长，甚至取得了比疫情之前还要好的业绩。

韧性管理创新了很多措施，这里简单列举“线下三板斧+

线上三板斧”的举措。“线下三板斧”开辟了组织营销新渠道。一是无接触配送。消费者的需求发生了变化，青岛啤酒根据消费者需求变化迅速在全国推出“无接触配送服务”。2020 年 2 月 10 日复工，5 天后公司就制作完成了一张全国无接触配送的电子地图，覆盖全国 28 个省、直辖市、自治区，415 个城市，2510 个县区，配送地图的推广达到 2000 万次。二是百万社区大酬宾。3 月 4 日，青岛啤酒开始进入社区，率先感受地摊文化。在全国 29 个省、直辖市、自治区 354 个城市的 4.5 万个社区举办了 25.4 万场活动。三是百万社团大酬宾。以小区为单位招募小区的业主为团长，紧抓家庭式消费的主流渠道，与 58 个 B2B（企业对企业）平台、102 个社区团购平台实现了合作。“线上三板斧”开启了数字化营销篇章。一是抓紧电商消费机遇。利用电商平台做文章，2020 年一季度在天猫、京东等电商平台上蝉联啤酒类店铺销售冠军，销售额同比增长 108%。二是微信分销员计划。2 月 20 日，青岛啤酒在微信商城启动了“分销员计划”，招募、培养 10 万名兼职销售人员。三是打造直播带货矩阵。青岛啤酒的直播播主，不仅有头部网红、主持人、明星，有老百姓喜欢的腰部网红，还有公司员工。仿效公司人才金字塔，青岛啤酒搭建了直播人才矩阵。

青岛啤酒无论是在产品多元化、生产智能化、销售数字化、购买便捷化，还是消费场景化方面，都能够快速统一思想，快速形成方案，快速付诸行动。让我们看到了一家企业强大的组织战略执行力——韧性管理能力，在逆境中挑战自我，咬定目标不放松，逢山开路，遇水搭桥。

再说北京一家500强国有企业，这家公司老总连续1个月每天晚上21：00到凌晨2：00与北京本部32个业务部门、15个中台和后台部门，还有外地27家单位的老总以及部分骨干人员一起探讨如何在新冠肺炎疫情下仍然保持业绩增长。有人会觉得这太不可思议了，今年业绩能完成就不错了，企业能继续生存就已经很好了，怎么还继续要求业绩增长呢？第一季度结束，北京市人民政府国有资产监督管理委员会公布了第一季度开门红的三家国企，这家公司就是其中之一。为什么呢？就是因为晚上开会吗？肯定不是这么简单。晚上开会只是特殊时期的工作形式，我相信深层原因是这家公司的组织韧性管理是属于优秀等级的。

中国人民大学劳动人事学院孙健敏教授认为，组织韧性包括应对压力的能力、保持地位的能力以及从不利条件中获益的能力，可以通过一套具体的、常规的管理制度和流程来开发和管理，组织成员的认知、行为和组织的管理规则和能力等都对组织韧性的构建具有决定性作用。组织战略执行力韧性管理能使组织在逆境中展现英雄本色。

二、组织的文化执行力

前面我明确提出，文化执行力就是组织把战略变成全员的共同追求、把执行变成全员行为规范的能力。文化执行的主责人依然是组织高层，具体表现就是高层要时刻清楚组织的价值观有没有出现问题或者偏差，员工的行为是否规范、有没有发生变异，特别是要保证干部队伍的价值观与组织价值观保持一致。中层在文化执行上要起到模范作用，中层应该成为组织文化执行的标兵；基层在文化执行方面主要表现为必须严格遵守组织的价值观和行为规范。

1. 组织文化的底层逻辑问题

组织文化是组织的共同价值观和行为规范。不同的组织，其组织文化是有差异的，但是底层逻辑是一样的。企业的底层逻辑是成长而非增长，因为成长与增长有着本质的区别。通常而言，增长强调的是经营业绩在数据指标方面的呈现，比如规模、利润、资产、市值、市场占有率、用户数量、员工数量等，强调的是量的变化。而成长则强调企业与环境的互动，强调要素结构与组织机能的不断完善，强调系统能力与竞争优势的持续提升，强调从量变到质变的过程，因此也更多地包含了能力的指标维度，如组织能力、产品能力、供应链能力、经营用户的能力等。所以，成长的维度多于增长的维度，成长比增长更加接近于企业的本质。而只有关心并真正回归到成长本身，企业才能健康、稳健和持续发展。

重视长期成长的企业会有清晰的使命与愿景。从价值原点出发，使命解答了企业为什么存在的问题，愿景解决了企业定位、方向、阶段性目标共识的问题。只有在使命驱动和愿景牵引之下，企业才能摆脱小富即安和投机主义的心态，才能真正坚定持续成长的方向。战略与组织是企业极为重要的两件事，如华为任正非所言：方向可以大致正确，组织必须充满活力。只有把战略梳理清楚、让组织充满活力，企业才有能力追求持续成长。

企业和人一样，也是有思想的。企业的思想就是企业文化。企业文化的贯彻执行不仅仅是管理的一部分，从某种程度上来说，是管理的全部。企业所有的规章制度、产品研发、技术攻关、市场销售、政策策略等，其实都生发于企业文化——共同的价值观和行为规范。从这个角度出发就能够理解为什么这么多优秀的企业家要在企业文化建设和执行上耗费大量心血。优秀企业的领导者懂得企业文化的建立是第一步，更重要的是第二步——企业文化执行，也就是企业文化执行力决定这家企业的发展状态。

2. 伪文化的种种表现

企业无论大小，家家都有企业文化，但事实是很多企业文化是伪文化，是挂在墙上、写在手册里的文字，没有发挥企业文化的价值。这也是很多企业很难基业常青的重要原因。下面几个鲜活的案例，从不同的视角展示了伪文化的表现。

案例一：以客户为中心

A 企业让市场部部分人员组成项目小组，对选取出来的 50 家 VIP 客户进行回访，其目的就是了解客户对于服务的满意度，了解客户对于改进服务的建议，了解客户对于未来服务的需求。目标客户明确，任务也十分清楚，项目小组成员历时 3 个月，回访了全部（50 家）VIP 客户，将详细的现场访谈记录整理成了一份长达 20 多页的专题调查报告。高层领导看完客户的真实反馈，有的比较满意，有的认为还有很多需要提升改进的地方。各个业务单元的中层领导们看过报告后并没有给出针对性的改进意见和措施，而是一致认为项目小组的报告是吹毛求疵，是站着说话不腰疼。

中层领导们不再聚焦如何以客户为中心，思考改进服务质量，而是指责职能部门多管闲事。这家企业的一把手也早就忘记了引导大家要以客户为中心这一出发点，只对事不对人，反而看到各业务负责人与项目小组的意见分歧，发现业务负责人对项目小组做的客户满意度调查报告不屑一顾，就开始和稀泥，此事最终不了了之，第二年开始取消了客户回访工作。很显然这家企业的文化导向出了问题。

而前面提到的北京那家 500 强国有企业某年年终一把手的总结报告简洁干脆，三段式结构，每部分都切中要害。开篇就直击目标——未来要上市，所以要求所有干部改变思维方式，明白什么是优秀上市公司的干部底层思维，即企业要做正确的事，要提升效益还要提高效率，需要价值思维、市场思维、财务思维、成长思维、机制思维。

中篇提出以客户为中心的核心指标之一是客户留存率，要求各级干部提升客户留存率，把客户留下来，加强客户维护。强调了关注关键客户，即要关注价值贡献最大的客户。界定出关键客户的价值不仅仅在于利润贡献，还包括客户规模、行业影响力、品牌价值等诸多方面。同时要求北京总部打破现有总监和副总监的分片管理格局，10 位总监每人负责 10 个关键客户，力争 TOP100 关键客户不流失。

下篇提出明确要求，要求企业业务委员会组织设计关键客户评价标准和管理模式，并梳理关键客户名单；要求各业务部门、产品部门、员工服务部门将基本服务场景化、基本场景标准化、标准场景再优化，培养基层一线服务人员的场景思维，最终要形成业务管理体系化、标准化和场景化。

绝大多数的企业都奉行这句至理名言——“客户是上帝”。总而言之，我相信绝大多数的企业高层希望自己的员工都明白以客户为中心不只是一种理念，更是一种价值观，需要把它看成一种战略，组织上上下下要围绕它形成一种系统。其思想层面的正确性是毋庸置疑的，但是要想把以客户为中心具体化，就需要建立保障机制。比如聘请第三方专业机构，对客户做定期的满意度调查，企业设置专门岗位，作为内部第三方经常性回访客户，聆听客户的意见和建议。

以上两家企业都在倡导“以客户为中心”，但谁真正在践行呢？答案很明显。

案例二：撸起袖子，一起奋斗

在中国，几乎所有的企业都会倡导“以奋斗者为本，以奋斗者为荣”。优秀的企业里一定存在若干个奋斗者，而业绩一般的企业领导总是抱怨员工不敬业。比如D公司领导常常在会上激励大家撸起袖子加油干，也给大家画了一张美好的“大饼”，年底有大红包，可员工依然无感。D公司是IT企业，996工作制对于员工而言根本不是争论的话题，因为连续加班到深夜是常态。而这种常态下，大家发现领导到点下班，从不留下来与大家一起工作。而且逢年过节发福利，领导的过节物品总是比员工的高出一个档次，还在公司制度里白纸黑字写着“一年中，中秋节和春节两次发放福利，员工层级总金额为每人2000元，中层领导层级总金额为每人3000元，高层领导总金额为每人5000元”。

耳听为虚，眼见为实。D公司如此这般，难怪人才流失率在行业里颇高，被戏称为“IT行业的黄埔军校”，专门为IT行业提供人才。

案例三：关爱员工，提升内部客户满意度

E公司领导高喊着“我们与员工是一家人”，单位团建日，全体员工乘坐班车前往郊区，领导则坐小汽车自行前往。再看看陕西欣佳诚人力资源集团公司，由于工作压力大，很多员工加班加点，无法陪同家人。某年，陕西欣佳诚人力资源集团公司举办了一个活动“让忠孝两全——优秀员工父母到北京5日游”，公司邀请上一年度评出的15位优秀员工的父母前往北京，并抽调专人全程陪同服务，所有费用全部由公司承担。随行的专业摄影师每日整理照片，发送给员工本人。F公司还在年底工作总结会和联欢会上，让员工邀请自己的家人参加，一起感受大家庭的温暖。

越来越多的企业明白了一个道理，企业生存的基础是客户订单，客户满意度的提升至关重要。而谁服务外部客户呢？企业内的员工。如果企业内员工满意度提升，那么员工的敬业度就会提升，员工的敬业度提升，就会影响到外部客户对服务的感受，进而影响到外部客户的满意度和稳定性。所以很多企业倡导，关爱员工，把员工看作内部的客户，提升他们的满意度，内部客户的满意度是外部客户满意度的前提和基础。

以上三个案例都演示了文化不是虚的，要用行动来落实。文化放在桌子上，行动落在桌子下，切莫让文化和行动变成两张皮。

3. 企业文化的宣传与践行

在海尔，上至总裁张瑞敏，下到基层普通的一线员工，每一个人都很明确自己的工作任务。张瑞敏对自己的角色认知是：第一应是设计师，在企业的发展过程中使组织结构适应于企业的发展；第二应是宣传员，不断地宣传，使员工接受企业文化，把员工自身价值的体现和企业目标的实现结合起来①。

领导者是企业文化建设的先行者、促进者、监督者。领导者日常重视的事情、提出的工作要求、控制的重点环节，鲜明地体现出其战略价值取向；领导者对紧急事件做出的应对措施，反映其对利益相关方的态度；领导者分配稀缺资源所遵从的标准，表明其价值观；领导者选、育、用、留干部的标准体现出其背后的人力资源理念。所以领导者更应该是企业文化的践行者。

已经 70 多岁的华为创始人任正非曾经被网友拍到深夜赶飞机，在机场自己拖着行李箱挤在摆渡车上，右手抓吊环，左手扶行李箱。任正非还被拍到在虹桥机场等出租车，没有助理和专车等。无论是深夜坐经济舱挤在摆渡车上的任正非，还是在虹桥机场排队等出租车的任正非，一直以来均以睿智、低调、朴实为网友所称道，用“既伟大又平凡”来形容任正非非常贴切，这不也正是华为的企业形象吗？作为杰出的中国企业家代表，任正非带领华为坚守自己的价值观和行为规范一路向前。

华为是一个在世界 500 强中排名进入前 100 的企业，这样优秀的企业一定有优秀的企业文化，优秀的企业文化也一定被一把手在

---

① 王俞现. CEO 是设计师，也是牧师［EB/OL］.（2014－10－25）［2021－01－24］. http：//roll. sohu. com/ 20141025/ n405451861. shtml.

各种会议上不停地宣传，同时领导者让全体员工看到了企业文化日常的真实落地表现。企业文化是在一定的条件下，在企业生产经营和管理活动中所创造的具有该企业特色的精神财富和物质形态。它包括企业愿景、文化观念、价值观念、企业精神、行为准则、历史传统、企业制度等。

价值观是企业文化的核心，高层必须花费精力去研究，花费时间去践行。企业高层领导们正向的示范力量和反向的示范力量都非常大，高层一定要清楚和用好自己行为的示范放大效应。比起企业文化写出来的是什么，高层领导们做的是什么，奖励的是什么，反对的是什么，才让员工感受最深、受影响最大。因此高层领导们是企业文化执行落地的主要责任者。

4. 在价值观趋同的路上，用文化去感染新生代员工

2020 年伊始，曾经的“80 后”步入不惑之年，曾经的“90 后”步入而立之年，第一波“00 后”已经进入了职场。《牛津管理评论》中有一篇文章这样写道，万科某位高层领导感叹道：“遇到他们，我十几年的管理经验要清零了！”不管是业界还是学界普遍认为新生代员工管理是一个需要研究的问题。

新生代出生于改革开放后，赶上了经济快速发展、物质基础丰富的年代。新生代中大多是独生子女，又遇到了中国的高校扩招、市场经济、东西方文化交融等，他们是在既优越又复杂的环境中成长起来的一代人。新生代具有鲜明的特点，最强烈的表现就是个体化倾向，基本特质是注重追求个人兴趣目标和价值实现。我曾经对影响新生代们的职业选择因素做过一个调查，调查结果反映了新生代选择工作的价值取向，如图 4-8 所示。在影响工作选择的七个因素里，排在前三位的是兴趣（占比 28%），发展前景（占比 26%），人文关怀（占比 19%），薪资排在第四位（占比 17%），之后才是工作区域（占比 6%）、工作环境（占比 2%）和福利水平（占比 2%）。

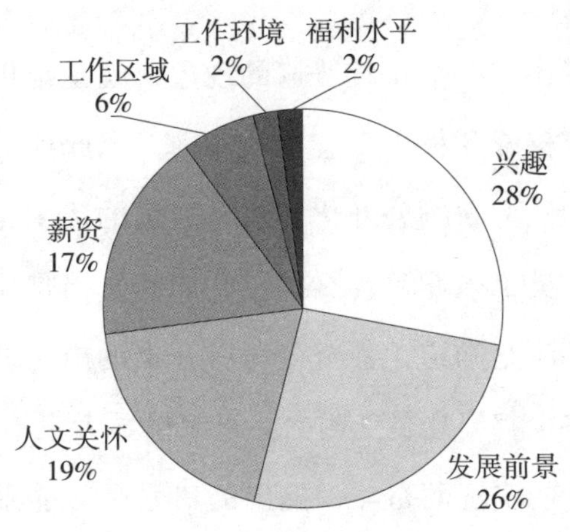

图 4-8　新生代择业因素

很多公司管理者向我抱怨，说新生代员工不好管理。我的回答是，他们选择了你的公司，证明你的公司符合他们的择业标准，你要珍惜、爱护他们。不用想着怎么去管理他们，只需要赋能即可。有一家公司总经理就是一个“80 后”，他知道新生代员工们关注什么、喜欢什么，他的公司里总是充满着欢声笑语。有意思的是，上级领导去考察他的公司，对满墙贴的葫芦娃和阿童木很不满意。他的回答是，关键是员工们喜欢。他还允许员工带喜欢的毛绒玩具来单位，作为回礼，员工们也会经常买多肉植物给他，让他浇水当园丁。另一家公司的老总更是有趣，他把销售人员分成6个组，每周进行业绩PK赛。获胜组可以聚餐一顿，金额不限，公司请客。输的组，每人吃一片苦瓜，意味吃下苦中苦，下次争第一。公司的业绩自然在这种你追我赶的文化氛围中蒸蒸日上。由此可见，文化是要因人、因时、因地而异的。领导者们需要学会用文化的力量来感染新生代员工。

新生代员工还有一个比较普遍的现象，就是维护自我权利意识比较强，相比较权威和权力观念比较淡薄，因此他们表现出很多的行为特征，比如认为薪酬公开化和晋升通道的透明化是一个组织基本的诚信动作，员工入职是什么档位、如何升档是需要有明确规定的，要让大家都清楚知道，甚至公司所开出的岗位薪酬，在行业里的薪酬档次是多少都要让员工明白。组织倡导大家不计较个人得失，努力为组织目标的实现而奋斗，提出的口号是“企业是我家，发展靠大家”。新生代员工们认为“离了我一人，企业照样行”。他们更重视“自我”，注重达成个人发展目标，如果个人的发展目标和企业当下给予他们的目标不一致，很难调动他们的积极性，执行力会大打折扣。领导认为在上下级关系中，下属应当服从上级，而新生代员工认为自己和管理者是平等关系。对就是对，错就是错，对于交办的任务，新生代员工们有意见会在会议上当面说出来，不会考虑领导的面子问题。他们认为领导说的并不全是对的，权力是组织赋予领导者的，威望要领导者自己来树立。

组织不太可能招聘偏离企业价值观的员工，因为价值观的偏离会破坏组织，会加大管理成本。而个体的价值观以先天成分为主，很难通过后天的培训来改变。那么，是否就意味着我们一定要找到价值观一致的人呢？可能在价值观多元化的今天，招聘到价值观完全一致的人如同找到两个纹路一模一样的叶子般不太可能。怎么办？组织只要招聘价值观趋同的人即可。先天方面，我们关注趋同，后天方面，我们强调用组织文化感召新生代员工，继而把战略变成全员的共同追求，把执行变成全员的行为规范。仔细想想，新生代员工的诉求与企业的战略并不是“格格不入”的。组织应该考虑的是随着职场新人的进入，面对新的诉求，要与时俱进，通过调整组织文化来适应新一代人的需求。具体来说，应建立以下几种文化。

建立组织快乐文化。让大家“高高兴兴上班来，快快乐乐回家去”。优秀的企业呈现出来的景象是大家早上一起床，就像打了鸡血似的，迫不及待地想来单位上班；一般的企业呈现出来的景象是大家早上一起床，收拾好一切，按时按点来单位上班；绩效差的企业呈现出来的景象是大家不想起床，磨磨蹭蹭最后一秒打卡，屁股坐在了工位上，脑子里却想着中午吃什么。

建立组织亲情文化。任正非表示领导们都不知道员工想要追求什么，凭什么让员工与企业同心同德。做个有温度的干部，在工作时不要只关注员工工作的进度，还要学会关注员工的感受，关注他们在工作中的收获与成长。在平日里，甚至还要关心员工的家庭情况，在生活中给予帮助。和员工成为朋友、成为亲人，才能在“打仗”的时候出现“士为知己者死”的画面。

建立组织简单文化。别绕圈子，说话的方式简单点，对事不对人，组织里各种关系要以相互信任为核心，保持透明，避免相互猜忌。组织里每一个层级的干部都需要放低姿态，与下属平等沟通，只有友善、真诚、包容的沟通，才能和大家融为一体。

建立组织平衡文化。从某种程度上说，组织追求的是长远的发展，员工追求的是个人短期的获得，两者之间存在着博弈。领导干部要做到在自己的职权范围内，尽可能地平衡两者的关系。特别是在后疫情时期，要帮助员工平衡好工作与生活的矛盾，如加班与休假、出差与家人团聚等的矛盾。有条件的公司可以实行弹性工作制，员工不需要天天来单位，只要完成上级交代的工作任务就行。

领导干部要在新生代员工面前努力建立起自己的威望，增强自己的影响力、感召力。

一方面，外在形象，展现精神；内在修炼，展示魅力。

网络上有很多关于新生代员工离职的“奇葩”理由，如“世界这么大，我想去看看”“要和朋友出去玩，一起去桂林”“工作餐不好吃”等。荒诞吗？是想象出来的吗？是文学夸张吗？可能这些理由都是真的。我曾经与一位“80后”离职者聊天，她告诉我她离职的理由是看不惯领导穿黑色皮鞋搭配白色袜子，每天见着就起鸡皮疙瘩。市面上有太多的课程是教职场“小白”们如何走好职场第一步，打造职业化形象的，难道领导就不需要注重外在形象了吗？领导的外在形象很重要，因为它展示的是领导的精神状态。

心理学家威廉·詹姆斯曾说："人类性情中最强烈的渴望就是受到他人的认同。"面对新生代员工，首先，管理者要调整心态，和他们平等相处，要善于发现他们身上的优点，要和他们建立沟通平台，保持良好沟通。联想集团推行"无总称谓"，规定名字为三个字则只叫后两个字，名字为两个字则直呼其名，否则就罚款 50～100 元。联想集团推行这种亲情文化，其目的是打破上下级的等级观念，特别是让管理者明白大家都是来为公司做贡献的，在其位谋其职，要牢记职位越高责任越大，而不是职位越高权力越大。其次，管理者要学会即时激励。激励的适时性表现为"赏不逾时"的即时性。在员工有良好表现时，就应该即时给予奖励。等待的时间越长，奖励的效果越可能打折扣。新生代员工的自尊心与成就感都比较强，而且没有耐心长期等待公司未来可能变现的奖励。因此，管理者要适当调整原来的马拉松式的激励方式，要把即时奖励、即时兑现常态化。即时激励至少有两个好处：一是当事人的突出表现马上得到肯定，有利于他继续重复良好的行为；二是其他员工受此影响会积极效仿。

另一方面，顺应变化，调整方式。

面对新生代员工，管理者需要顺应变化，调整领导方式。首先，在领导风格上做调整。新生代员工的直接管理者的上级领导可能是"英雄式、权威式"领导风格，但自己不能用这种方式对待下属，需要调整为"参与式、授权式"的领导风格。因为新生代员工喜欢发表自己的观点，崇尚参与，喜欢讨论，自己的意见最终是否被采纳并不是最重要的，过程的开放才是核心。既然新生代员工喜欢讨论，不妨学习微软公司的沟通机制。微软公司采用“开门政策”，在这里，任何人可以找任何人谈任何话题。而且微软公司也多用集体讨论式进行决策，如各级管理者做决定前多鼓励员工充分发表见解，并听取他们的意见，以确保决策有效执行。其次，在管理模式上做调整。由传统的单向管理向双向管理模式转变，让作为下级的新生代员工也可以管理上级。例如，替上级补位、弥补短板，替上级解围、征求意见，与上级建立友谊等。在研究领导形象问题时，我用逆向思维设计了一个调查问卷，让500名被调查的新生代员工列出他们最反感的上司行为有哪些。对调查问卷进行汇总后一共有30多项行为，其归纳出以下12种最让他们反感的行为：事无巨细、指责、摆架子、诚信有瑕疵、推卸责任、不注意个人形象、指令模棱两可、回答问题不明确、自私、不懂装懂、偏心、讲话没水平。各项行为的反感比重如图4-9所示。

5. 个人文化的发起到组织文化的固化

组织文化如图4-10所示。

阿里巴巴对于企业文化的重视可谓到了极致，阿里巴巴的企业文化从创业之初就启动，一路成长，基于战略发展进行了四次调整，在看不见的地方创造更高维度的竞争力。文化是企业发展的DNA（基因），决定着一家公司的性格和命运。

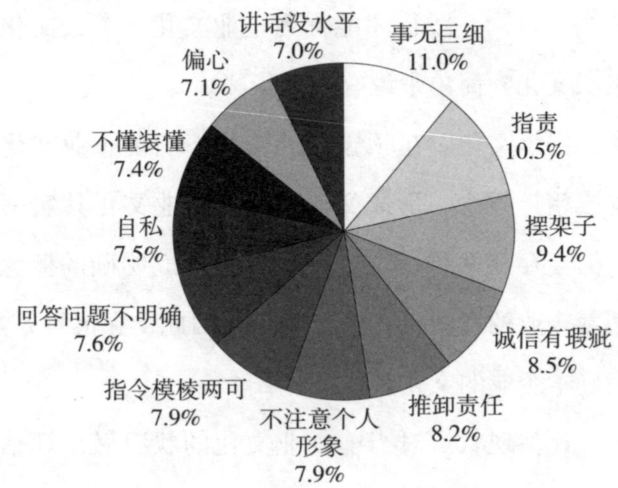

图 4-9　新生代员工反感上司的职场行为

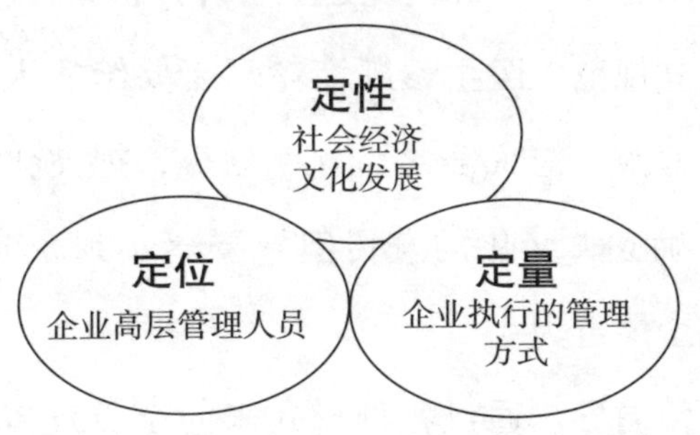

所有员工行为的背后，一定有文化的牵引；
所有团队习惯的背后，一定有文化的默认；
所有问题表象的背后，一定有文化的偏差

- 组织文化是一个组织的价值观和行为规范
- 组织文化是一个组织的基因
- 执行力必须融入组织文化中
- 执行文化成为组织文化的子文化
- 文化执行力要表现在组织的每位成员身上

图 4-10　组织文化

百年企业的文化必定是从企业家文化传承到团队文化，创始人已仙逝，但企业依旧存在，文化也最终渗透到组织的每一个角落，上升为企业文化。企业建立面向未来发展的理念体系并得到广大员工的普遍认知、认同、践行才能称为企业文化。个人文化怎样才能逐步变成组织文化？简单来说有四个步骤。

第一步，提炼文化。在领导者的带领下明确企业文化的内涵与外延，提炼成精神概念，形成文化战略。企业文化其实一直蕴藏在企业之中，但会存在两种情况：一是没有形成明确的概念；二是内涵与外延随着企业的发展也发生了改变。因此，在推行企业文化前，首先需要明确本企业的文化具体是什么。

第二步，评估现状。对当前企业文化的状况做出评估，就如同医生先诊断，了解现状才能更好地发现问题，进而解决问题。这一步较为重要的是结合企业实际情况建立合理评价指标。

第三步，确立规范。医生诊断清楚后，要给病人开药方，还要叮嘱病人几个核心点。总而言之，立字为据，把文化转换成规章制度，行为规范的确立、文化的宣传倡导要落实到企业的制度层面，通过监督来规范个体行为。

第四步，宣传倡导。通过各种形式来向全员宣传企业文化，在潜移默化中影响员工的行为。树立典型标杆，形象化展示什么是好的行为、是企业倡导的行为。

三、战略执行力与文化执行力的关系

美国学者汤姆·彼得斯和罗伯特·沃特曼在《追求卓越》一书中指出，我们研究的所有优秀公司都很清楚其主张是什么，并认真建立和形成了公司的价值准则。事实上，一个公司缺乏明确的价值准则或价值观念不正确，我们则怀疑它是否有可能获得经营上的成功。战略和文化就像是一把利剑的双刃，共同发力，共同克敌。

对于组织而言，战略是什么？是未来要到达的目的。战略执行力是什么？是组织为实现战略目标所进行组织保障、人力资源配置、技术支持、市场营销、协同作战、绩效考核等工作的综合能力。企业共同的价值观明确了企业的价值取向，使员工对事物的评判形成共识，有着共同的价值目标，企业的领导和员工会向着他们所认定的价值目标去行动。如果将组织比作一个人，那么战略是这个人要达到的目标，组织架构是左右腿，中层干部是左右手，文化是大脑、是心脏。

1. 文化决定战略

亨利·明茨伯格认为，制定战略的真正挑战，在于感知那些微妙的不连续的变化，那些有可能颠覆未来生意的变化。对这个问题不需要什么技巧或者行动指南，只需要一个敏锐、接地气的头脑。

VUCA 时代不确定性因素加剧，面对不确定性，指南针要比地图更重要。地图就是战略，指南针便是文化。VUCA 时代下，我们更需要充分发挥文化的导向功能——通过它对企业的领导者和职工起引导作用；约束功能——通过完善管理制度和道德规范来实现战略的监督；凝聚功能——互相搭台，互相补台，互相成就；激励功能——为企业和自己的荣誉感和自豪感而奋斗；调适功能——对于存在的不协调、不适应之处及时修正；辐射功能——企业文化关系到企业的公众形象、公众态度、公众舆论和品牌美誉度。企业文化不仅在企业内部发挥作用，对企业员工产生影响，它也能通过传播媒体、公共关系活动等各种渠道对社会产生影响，向社会辐射。

文化决定战略，因为战略是人制定的，人的价值取向决定了战略制定的方法，甚至结果。我个人认为企业不同，企业家不同，答案自然也就不同。这里我强调文化决定战略是把战略归结为企业的硬实力，文化则归结为企业的软实力。战略是硬性的，是根据企业发展阶段、自身资源状况而做出的一种选择。同时战略的调整也需要配套的硬性措施，比如组织架构、业务模式、技术支持、营销策略等。

企业经营业绩不好确实有很多原因，但文化原因一定是最重要的。某公司里，文化只是口号，挂在墙上，员工们每日经过都可以看到。但现实是“与人斗，其乐无穷”，公司里中层干部们没有协作意识，没有奋斗精神，大家都是钩心斗角的高手，把所有的心思全放在内耗上。其结果是什么？不懂阿谀奉承的实干者得不到认可，默默无闻者总是拿最少的奖金，公司里相对的公平性荡然无存。孟子曰：“尊贤使能，俊杰在位，则天下之士皆悦，而愿立于其朝矣。”尊重贤人，任用能人，将杰出的人安排在适当的位置上，这样天下的人都会高兴，并且愿意在这样的朝廷里做事。同理，经营企业就如同治理朝廷，要避免亲小人、远君子，企业领导者要多启用实干者、能干者，企业才能发展得越来越好。

2. 文化支撑战略

战略如果没有文化的支撑，就缺乏精神与灵魂，很难长久发展；文化如果没有战略的促进和引导，也就成了无源之水，缺乏目标和追求，动力很难持久。

战略形成后，在其实施过程中，企业文化如何起到支撑作用?北京交通大学企业文化管理研究所所长黎群认为，这种作用主要表现在三个方面。一是企业文化具有很好的导向作用。新制度经济学认为，人是有限理性的。在企业中，往往并不是所有的员工都能在同一时间对企业新的发展战略、经营思路做到完全领悟，在这种情况下，想让大家齐心协力往前走，就需要企业文化的引导。

二是企业文化具有很好的激励功能。从传统经济学看，员工是具有经济性的，自然希望自己的财富最大化，从企业获得最高的报酬。而企业又是以盈利为生存条件的，必然与员工之间存在利益分配上的矛盾。新制度经济学认为，人具有双重性，一方面追求物质利益，另一方面又追求非财富的最大化，那么文化管理就可以很好地满足这两个方面的需求。企业文化搞得好的企业很注重对员工的物质激励，如实施员工持股计划、高级管理人员的股票期权制度等，这很好地满足了人们对财富最大化的需求；此外，文化管理的一大特点是注重精神文化氛围的营造，通过愿景共识、团队精神打造，让大家能从利益共同体逐步升华到事业共同体、命运共同体、精神共同体，最终满足人们在非财富方面最大化的追求，使每一个人都能认识到在企业工作的价值所在。因此，企业文化可以全方位地起到激励作用。

三是企业文化具有很好的约束功能。孟子认为，人性本善；而荀子则认为人性本恶。但从新制度经济学角度来讲，人不可避免地有机会主义行为倾向，人在没有监督的情况下总是倾向于使自己的利益最大化，有时就可能妨碍企业和社会的利益，因此需要约束。如通过制度管理，用制度来约束。但是制度也存在不足，也很难做到完善，因为制度是由人制定的，人是有限理性的，制度也就很难完备。退一步讲，即使制度很完备，制定制度的成本也会很高，落实制度的监督成本往往也很高。为了弥补制度的不足，就需要一种软约束。相对来说，制度约束是硬约束，而文化认同就可以起到软约束的作用。就如一个国家，除了依法治国，还要以德治国。对于企业来讲，除了企业的规章制度，它同时需要一种文化的约束，通过共同的舆论导向、共同的行为规范，使员工自觉行动。

企业文化的作用有利于推动企业战略的实施。当企业文化与企业战略相吻合时，就明显展现出对整个战略实施的推动作用。

3. 文化匹配战略

企业的外部环境在改变，企业的战略也必须随之不断地调整，而文化具有相对稳定性，那么企业原有的文化与新的战略有可能不配套，这就需要进行文化迭代。比如一个企业进入一个全新的行业，就需要对企业文化进行调整。另外企业在并购重组过程中也要注意文化融合的问题，这样才能支撑企业新战略的有效实施。从这个意义上看，战略修正需要文化与时俱进，需要文化来匹配战略、支撑战略。

我曾经就职于首都一家事业单位，老领导给每个员工发放了一个文化牌，牌子上刻录着40字文化：立业重德，品行如一；恪尽职守，提高效率；服务至上，诚信第一；团队文化，陶冶激励；风华岁月，成就大计。盈利不是单位生存的全部意义，老领导总是讲要让客户满意，客户满意远比挣钱重要，因此，才有了上述的40字文化。10年后，这家机构进行了整体改制，从事业单位变身为国有企业。一个在温室里长大的孩子要开始在市场上找食吃，实属不易。成为集团公司后，首先要解决的就是战略和文化的问题。领导班子反复研究、征求意见，最终决定将40字文化提炼成4个词语作为集团公司新的企业文化。第一个词语“诚信”（行为层面），是公司经营作风的动态表现。诚实无欺，信守诺言，言行相符，表里如一。第二个词语“责任”（制度层面），是为经营管理起到规范保证作用。对客户负责、对自己负责、对团队负责、对企业负责、对员工负责、对出资人负责、对社会负责。第三个词语“创新”（精神层面），是公司可持续发展的动力源泉。其主要表现为技术创新、服务创新、知识创新、机制创新。第四个词语“共赢”（目标层面），是公司文化的最终落脚点和价值体现。关注客户关系、员工关系，最终实现企业、股东、客户、合作伙伴、员工多方面的共赢。

为什么要这样做呢？是因为事业单位原有的文化与转型后企业的新战略出现了不匹配问题，需要立即着手，从底层文化上进行调整迭代。“好雨知时节，当春乃发生。随风潜入夜，润物细无声。”文化变革于内，内化于心，才能外化于行。

第五章

沟通在执行中的决定性作用

沟通在执行中的作用是决定性的。没有沟通的执行是盲目的。在执行前要对执行的成果应达到的标准包括质量标准、数量标准、时间节点进行确认。工作中出现的各种各样的执行问题50%以上甚至70%以上都是沟通造成的。这个数据我在无数次企业不同层级领导干部培训的分组讨论中一次又一次得到验证。管理能力的强弱决定一个组织、一个企业是发展壮大，还是短寿死亡。管理能力中的重要因素就是沟通机制和沟通能力。

为增加阅读的趣味性并方便记忆，本章从一个结论、两个观点、三项内容、四种风格、五种因素、六层漏斗这几方面展开论述。

一、一个结论：没有沟通的管理一定是失败的

单向思维的管理肯定是不奏效的，任何人都不愿稀里糊涂被管理。而对于一个组织来讲，管理又是非常重要的，那么如何做才能让管理落到实处，让管理成为让大家都愿意接受的行为？除了我前边讲的管理是"管事""理人"外，管理要强调双向思维，要努力让管理者和被管理者的思维和想法保持一致。这种一致性，除了充分沟通，没有第二种办法可以达到。因此可以说，没有沟通的管理一定是失败的。

某家中德合资公司，最近从德国请来一位高管 A 君，专门负责质量监控。A 君一来公司，就对其所负责的制造部门进行改革。他借鉴母公司的生产报表，并引入先进的数据分析仪表盘，设计了一份非常完美的生产报表，从该表上可以看出生产中的任何一个细节。

每天上午，所有的生产数据都会出现在 A 君的办公桌上，从报表中没有发现什么问题。直到有一天，部门出现了一次严重的质量事故，从报表的数据分析中却无法判断问题出在哪里。这个时候，A 君才知道，原来大家报送的数据都不是真实数据，是大家随意填写上去的。原因为何？因为这些专业的数据填报工作难度和基层员工的能力存在差异。基层员工们只知道干活拿钱，数据填报费心费力，这对于他们而言是“烧脑”的任务。

为了这件事情，A 君召开了很多次会议，从讲解数据的重要性到如何填报，把复杂的数据形象地比喻成柴米油盐酱醋茶，甚至手把手地教大家填写数据。慢慢地，大家就不觉得填报数据无用，或者浪费自己太多的时间了，掌握技巧后填报效率提高了，大家开始乐于完成填写数据这项任务。

从这个案例中，我们可以看出没有沟通的管理一定是失败的。在沟通中，不要简单地认为所有人的认识、看法都和自己的一致。对待不同的人，要采取不同的方法，要用别人听得懂的“语言”来沟通。

某公司年底时进行人员调整，把原来的大客户团队、区域团队、投资团队、品牌团队合并为一个综合部门，对其部门职责也进行了调整，除了投资工作、品牌宣传工作以外，加入了行业趋势分析、客户需求分析和营销三个新职责。作为新部门的管理者B君，面对的情况是，团队成员来自不同的部门，人员特点不同，新部门的定位不同，还增加了新的职责。

怎么办呢？B君做了三件事情。第一，正式沟通。他召开了新部门全员会议，会议上宣布了公司的人员调整、组织架构调整的信息。同时，从自己对公司进行架构调整的理解上，与员工们沟通本部门的定位，未来需要发挥的价值。交代任务，让每个人都认真思考未来的工作方向。第二，非正式沟通。接下来，B君利用各种机会，与所有员工进行了一对一交流：有的是在楼下咖啡吧里聊天，聊的主题是过往的工作经历；有的是在食堂里吃饭时闲聊，聊的主题是兴趣爱好；还有的是在一起乘坐地铁回家途中聊天，聊的主题是孩子、家人、旅游。第三，再次召开部门会议。B君听取每个成员对于部门定位的理解，包括未来如何开展工作、发挥作用的汇报。

两年过去了，这个新组建的部门发挥了应有的作用。部门管理者B君在找到合适的继任者后，又开始到另一个新组建的部门报到，继续带领陌生的团队成员找准定位，找到方向，继续前行。

我认为这个案例中 B 君的做法值得借鉴。因为新工作伊始，作为管理者，我们有必要通过正式和非正式场合多次与成员沟通，以此对团队成员进行详细了解，判定每个成员的优势和劣势，发挥其长处，规避其短处。把工作布置给最合适做的人，人的效率才能最大化，人力资本的价值才能最大化。而这一切要归功于管理前的深入沟通所取得的共识。

在现代公司运作中，很多项目是需要跨部门协同完成的。这是由于大多数的大型项目都需要划分为若干小任务，再由不同的部门或者不同的团队来完成。团队的领导者要去统筹规划。优秀的管理者不仅仅要和团队成员进行充分的沟通，把握自己团队的项目进度，还需要和同级部门的其他管理者进行沟通，这样才可能保证整体项目的顺利交接和推进。

二、两个观点：优秀管理者是沟通高手，沟通结果是执行结果的前提

1. 优秀管理者都是沟通高手

不难发现，随着公司的发展，公司里的部门越来越多，每个部门都有一个或者多个管理者。我把管理者分为一般管理者和优秀管理者，优秀管理者都是沟通高手。前面的案例表明沟通无处不在，优秀管理者会因时、因地、因势进行沟通。在职场上必须处理好上行、平行、下行三类沟通，优秀管理者会刻意训练提升自己这三类

沟通能力，在这三类沟通中都做到游刃有余。上行沟通畅通首先能保证管理者准确理解上级意图或者任务详细内容、时间要求和结果评价标准，其次在执行过程中遇到困难时能及时得到上级的点拨甚至资源的支持。平行沟通顺畅一方面能让管理者更多地了解其他部门的价值、优势、资源，另一方面能帮助管理者和平行部门建立友好、协作关系，当需要平行部门帮助和支持的时候，对方可以有求必应。下行沟通高效愉快，首先有助于团队建立畅所欲言、信息共享、困难共担的团队氛围，其次能够直接提升团队工作效率。

优秀管理者在企业内外都能建立起良好的人际关系。人际关系的和谐程度取决于沟通水平。管理者在处理和员工关系的过程中，不能过于亲近，也不能过于疏远，更不能有偏向，要和大家保持一样的距离，要让大家感受到管理者的魅力和智慧，认为管理者可亲可爱，诚信可靠。这些非常重要，这些是员工愿意天天早早来上班的重要理由。管理者还一定要多关注员工的优点，并加以真诚的赞赏。外部的人际关系更是不能忽略的。美国前总统罗斯福曾经说："成功公式中，最重要的一项就是与人相处。"普林斯顿大学对一万份人事档案进行分析，结果显示，一个人的成功25%靠专业能力，75%靠人际关系。而良好的人际关系需要平常一点一滴的积累。经常性沟通是建立关系的重要手段。

优秀管理者大都能与大客户保持良好的关系。德勤调查显示，在豪华汽车市场中，维系一个现有客户的成本大约是开发一个新增客户成本的1/6到1/5；同时，在成熟的汽车市场中，30%~50%的销售额都是由现有客户再次购买贡献的。另外，一个现有客户代表着具有同样消费潜力的社交圈子，以及可以扩大化的社交影响力和推荐力。建立起良好的客户亲密度，不仅能够帮助公司提高客户忠诚度及满意度，增强公司品牌影响力和竞争力，还可以帮助公司降低客户服务成本。一个优秀的企业有无数个优秀管理者，这些优秀管理者直接影响着员工，所以在与优秀企业做生意的时候会感受到沟通没有障碍。

2. 沟通结果是执行结果的前提

布置工作、下达任务是管理者的常规工作方法，布置的工作、下达的任务能否圆满完成，取决于执行前的沟通结果。沟通结果是执行结果的前提和保障。优秀管理者在布置和实施一项工作任务中，会刻意在三个环节进行沟通。

第一个环节，事前。给下级布置一项任务，最终呈现出的结果与预期结果有差距，原因往往都是缺少任务布置时的沟通确认。这可能会导致三种情况出现，不管是哪种情况出现，都要最后完成沟通确认。第一种情况比较简单，就是任务明确。这种情况的重点是让员工完全理解并确认任务的内容、时间要求、需要达到的标准，还要让员工预测执行这项任务会遇到什么困难，什么样的困难自己解决、什么样的困难向上级求援。第二种情况是员工因各种原因不接受任务。那就更要深入沟通，和员工交心，找到其不接受任务的原因并帮助员工解决问题，最终让员工愉快地接受任务并确认任务内容、时间要求、标准要求。第三种情况，有些任务或者工作，管理者无法表述得非常清楚。这和管理者本人没有直接的关系，而是任务本身就具备模糊性。在这类探索性的工作上，管理者需要和员工进行深入、平等的沟通，通过沟通与员工就任务达成共识。如果遇到困难，同样通过沟通和员工一起找到可能的解决路径。

如图5－1所示，在这个环节，日本企业管理者通常的做法值得我们学习借鉴。

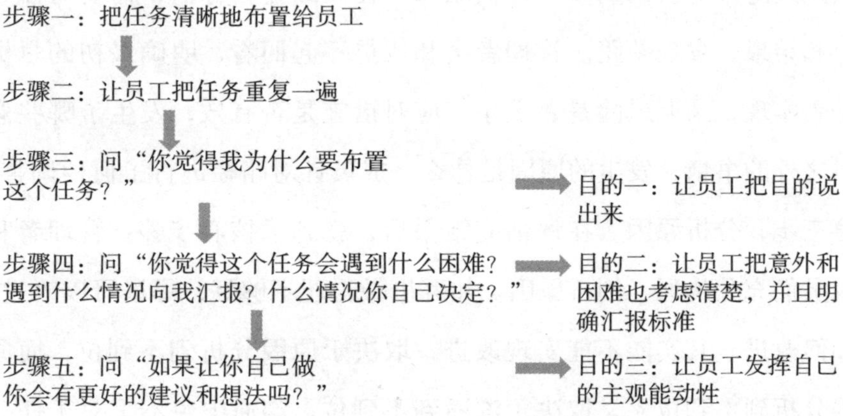

步骤一：把任务清晰地布置给员工

步骤二：让员工把任务重复一遍

步骤三：问“你觉得我为什么要布置这个任务？” → 目的一：让员工把目的说出来

步骤四：问“你觉得这个任务会遇到什么困难？遇到什么情况向我汇报？什么情况你自己决定？” → 目的二：让员工把意外和困难也考虑清楚，并且明确汇报标准

步骤五：问“如果让你自己做你会有更好的建议和想法吗？” → 目的三：让员工发挥自己的主观能动性

图5－1　日本企业管理者布置任务的流程

第二个环节，事中。优秀管理者明白，即使在事情进行的过程中，也需要随时进行沟通。因为很多情况下，市场条件发生了变化，管理者需要随时根据变量与团队成员调整路径。特别是现在，市场充满了易变性、不确定性、复杂性及模糊性，管理者做决定不再百分之百地笃定，更多时候要根据市场变化调整路径。所以事情进行过程中的交流、沟通也是必不可少的。

第三个环节，事后。优秀的管理者也开项目总结会、部门总结会，但会议的主题内容不仅仅局限于每个成员做了什么工作，关键是汇报和分享在项目中积累的经验或者教训，对于不足的地方提升和改进的思考等，类似于当下流行的项目复盘。优秀管理者会按照如下步骤与成员沟通。第一步，回顾目标。回顾目标就是回想项目最初的目的、初衷是什么。管理者带领成员一起从项目的角度一一进行思考，如立项的背景、要实现的目标、最初的路径选择、预期的风险防控等。第二步，评估结果。在回顾完目标后，需要对照目标和结果，发现差距。管理者会和成员一起回看，明确最初的目标是否实现，预期风险是否发生，应对措施是否有效，发生了哪些意料之外的事情，发生的原因是什么，成员针对路径进行了何种调整。第三步，分析原因。在评估完结果后，就到了核心步骤：管理者和成员们充分沟通，剖析原因。如哪里做得还不够好，哪里可以改进，如何改进。其实能不能实现改进，取决于原因分析到不到位，而原因分析到不到位，又取决于沟通到不到位。沟通中免不了对于任务执行结果进行肯定和否定的评价，对于否定的部分，通过效绩考核达到警醒的效果，对于值得肯定的地方，管理者也要不吝惜地及时鼓励和肯定。第四步，总结和改进计划。通过对整个过程的回顾、总结、分析后，大家有了一些见解，管理者会让大家再重点讨论，以促进共识达成。有些时候某种情况要如何改善，在现场可能无法给出一个完整的答案。管理者要把它们变成作业，给“学生们”更多时间思考，让其在下一次的“考试”中，交出答卷。组织就这样一点一滴地优化和迭代，持续改进。

三、三项内容：执行意愿、执行目标、执行能力

从执行的角度讲，沟通主要是执行意愿、执行目标、执行能力三项内容。

1. 执行意愿

在布置任务给员工前，管理者势必要进行执行意愿的沟通。管理者一定要重视团队里每一位成员的意愿，意愿有了，才会对该项工作有热情，才能体现出事业心。同理，上级根据公司战略发展设立新的部门，并赋予其新的职责的时候，必须要与管理者进行意愿沟通。

企业是干出来的，干是有前提条件的。首先是让员工想干。员工要有一颗迫不及待解决问题的心，在工作中做到“想任务之所想，急任务之所急”，把任务当成自己的事情。执行的意愿是十分关键的执行力影响因素，是执行的首要条件。有了执行意愿才可能提高执行力，即便个人的执行力不足，在执行意愿的作用下，同样可以通过自己学习知识、找寻高手指导等方法来弥补执行力的不足。可以说员工必须先有一定的执行意愿，任务才有可能完成。其次是让员工敢干。员工敢不敢放心大胆地干，取决于组织的环境和氛围。企业管理者要创造想干事、敢干事、能干事、干成事的环境氛围，鼓

励员工创新、试错，给干事的员工撑腰。最后是让员工善干。无论是员工还是领导，做事的重点不在于有多忙，而在于是否能够按照科学、发展的思维去认识和把握客观规律。无论是敢干还是善干，在执行层面上干的前提一定是想干，即具有极强的意愿才可能推动项目或者是工作的开展。

当关于执行意愿的沟通达到效果，团队执行力也就具备了达到最佳状态的重要基础。

2. 执行目标

关于执行目标的沟通，就是项目部署前对所要完成的任务、最后的结果进行沟通。对于过程和结果的预期也都在执行目标沟通之中。一个被员工认可的目标可以起到激励作用，激励员工奋力冲向目标、完成任务。如果关于执行目标的沟通不到位，团队和员工的执行力很难聚焦，会使团队执行力下降，更难协同作战。

沟通执行目标，首先要了解任务目标，基于企业战略的规划，该任务在企业中的位置、重要程度，以及对企业发展的影响。因此对于执行目标的沟通也是执行的前提。当企业缺乏明确目标的时候，其执行力下降就成为必然。因为在执行任务时员工要凭借自己的理解去探索执行，而每个人的理解程度不同，理解可能出现偏差，最后可能偏离了原本的目标。

执行目标的沟通过程是双向互动的信息交换，没有互动很难达到良好的沟通效果。这就要求管理者明确表达设定的目标，而且尽可能将企业战略和该项工作任务内容与重要性关联起来，对于任务的具体要求要明明白白，绝不能含糊其词。而员工则需要去理解管理者传达的内容。这依然不够，双向互动的结果一定是对执行目标达成共识，之后才能真正进入执行阶段。

所以要对执行目标进行沟通，让所有人看到方向，方向确定下来，走哪条航道可以共议。

3. 执行能力

关于执行能力的沟通，可以理解为在分配工作前，管理者需要确保每个人被分配到的任务内容都适合他本人，这样才可能最大化发挥个人能力，确保整个任务保质保量按时完成，同时可以让管理者随时知晓并把控任务进度。管理者要为不同类型的员工分配不同的工作。对于有能力但是不想表现的员工，管理者要鼓励他们多承担责任；对于团队协作能力较差的员工，管理者可以考虑分配单独模块任务，让他们负责某一工序，独自完成工作中的某一个环节。

关于执行能力的沟通就是对于被执行的目标是否有能力完成的沟通，管理者要完全了解员工的能力才能将合适的人安排到合适的任务环节中。如果说人岗匹配是人力资源部的职责，那么部门内人和任务匹配就是管理者的职责。任务交办后，在执行过程中也是需要沟通的。因为有的时候，员工并不会察觉到任务的难点在哪里，管理者会通过沟通来与员工确认执行的进度，而教练型管理者会帮助员工找到高效、顺利地完成工作任务的方法和路径。

有效沟通一定是领导在让员工了解并接受任务之后采取行动，不仅要对于执行的能力进行确认，还要研究其可以在何种岗位上发挥最佳效用。沟通是存在目的性的，但是如果沟通双方不够熟识，就会存在掩饰自身问题的情况。很多时候，新入职的员工会掩饰自身执行力不足的问题，这就需要管理者不断地细心询问，通过考核以及沟通确认对方是否具备执行力。在沟通的时候一定要注意双方地位的差异，新入职的员工可能隐藏自身的能力让管理者产生误判，但基于执行意愿的沟通则可以减少误判，帮助管理者了解员工是否具备完成该项任务需要的执行力，是否可以达到完成任务的程度。实际情况中，大多数员工往往会表现得很有意愿，但会出现自身执行力不足以完成任务的情况。当然在执行的过程中，他们可以阶段性地提高自身执行力，最终完成任务。这就需要高效的执行意愿沟通做铺垫，在执行过程中也要不断地通过沟通来激发员工的持续性意愿。

确认了执行能力之后就要采取行动，如果员工在岗位上没有发挥出合适的执行力，那就要找到问题所在，是专业知识储备不足，能力发挥不充分，还是个人情感不顺遂等，当然也有可能是万科总经理郁亮总说的“问题都在前三排，根源就在主席台”。这里，我们还是按照假设条件成立的情况进行推论，通过与员工沟通的方式，找到其执行力足或者不足的原因。如果执行力不足就想方设法提升员工执行力，如果执行力足就予以奖励，给予激励。如果发现员工的执行力超出了其所在岗位的需求，就要为员工创造晋升的机会，让员工在更合适的岗位上发挥出更强的执行力，为组织创造更大的价值。

四、四种风格：DISC

DISC① 理论由威廉·马斯顿博士提出，他主张透过人们切实可见的行为风格来探测人格特征。DISC 是一种行为测评工具，它在关注人的本性的同时，更加关注人的主观能动性，以及适应环境的能力。在人才招募甄选过程中，通过运用 DISC 测评可以了解候选者的行为模式。在绩效管理工作中，DISC 报告可以更全面地了解员工的表现。

其实我们每个人身体里都有 D、I、S、C 四个特质，只是比例不同。有的纯度很高，比如大 D、大 I，有的是混合状态，比如 ID 或者是 SC。在不同的环境或者面对不同的人，我们展现的行为风格是不一样的。每一个行为风格特质都有它的优势和不足，并无好坏之分。从沟通角度看，了解每一种特质人群的语言特点，即他们喜欢怎么说话，什么样的表达他们容易接受，便于管理者进行有效的沟通。

这里简单讲下 DISC。两个维度：更关注人和更关注事；更快

---

① DISC 是一种“人类行为语言”，D（Dominance）为支配型，I（Influence）为影响型，S（Steadiness）为稳健型，C（Compliance）为谨慎型。

速、更主动和更慢速、更被动。四个象限：D 象限为更关注事，更快速、更主动；I 象限为更关注人，更快速、更主动；S 象限为更关注人，更慢速、更被动；C 象限为更关注事，更慢速、更被动。DISC 典型性格如图5－2所示。

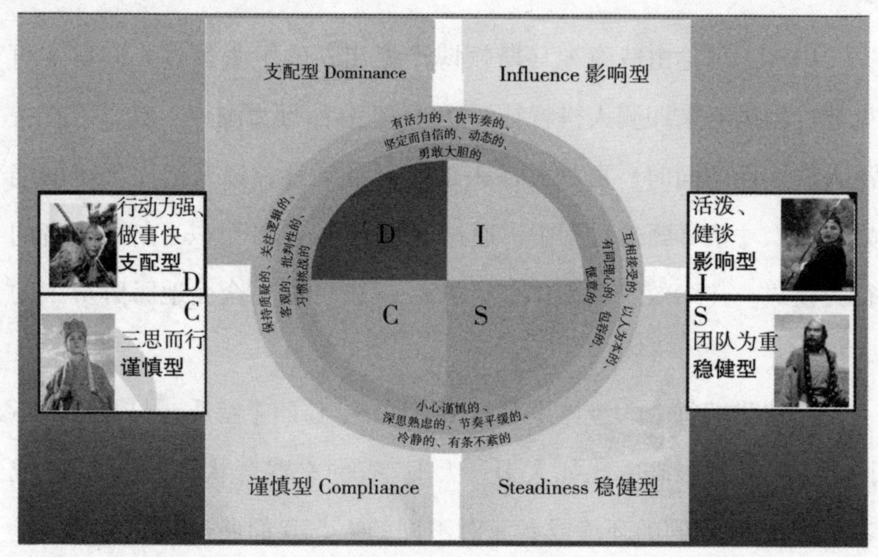

图5－2　DISC 典型性格

适度、真心夸奖和赞美员工是一种美德，它可以带来好心情，也可以在一些时候鼓励员工，带给他们继续前行的力量。运用 DISC 的观察技巧和适应不同风格特质的沟通技巧，可以使管理者在职场上更容易获得员工的认可，更容易实现沟通的目标。当管理者可以站在他人的角度，用他人习惯与适应的沟通模式与其沟通时，就离优秀管理者不远了。

如何与 D 型行为风格的员工进行沟通？《西游记》中的孙悟空

就是典型的D型行为风格员工。D型行为风格的员工关注目标和结果，他们行动速度快，霸气有余，但耐心不足。和D型员工沟通要讲结果、讲重点，不需要拐弯抹角，一句话能说清楚的一定不要用两句，给他节约时间，也给管理者节约时间。

如何与I型行为风格的员工进行沟通？《西游记》中的猪八戒是典型的I型行为风格员工。I型行为风格的员工注重感觉，期待被上级赞美，喜欢自己说多过于听管理者说。还要记得他在说话的时候，很需要管理者的及时回应和认可。与I型行为风格的员工沟通，最好在让他们感到轻松舒适的环境下进行，非正式场合的沟通符合他们的期待。沟通前要先赞美他，批评前更要先赞美他。对I型员工切记，先处理感情，再处理事情。如果感情还没培养好，管理者就直入主题，他还没做好心理准备，很难接受管理者和管理者所说的话。

如何与S型行为风格的员工进行沟通？沙和尚是个不起眼的员工，但依然很重要，是团队中不可缺少的一员。S型行为风格的员工喜欢没有压力的环境，喜欢稳定。和S型员工沟通要让他们没有压力，让他们有安全感。管理者不管自身的性格特点是什么，属于哪一类型，都要记住在与S型员工的沟通过程中，语气要尽量温柔一些，沟通语速也要放慢些。S型员工行动比较慢，所以和他们交流时，要注意他们是否跟上了节奏。同时，如果管理者布置任务给S型员工，他们会比较喜欢管理者告诉他，一步一步需要怎么做，有点手把手教的意思，所以在和他们沟通的时候，管理者需要比较明确地告诉他们完成任务的步骤是什么，而不是仅仅告诉他们去完成什么任务。还要记得，因为他们不善于拒绝，管理者在沟通时要观察和询问他们是否有困难。

如何与C型行为风格的员工进行沟通？《西游记》中的唐三藏，绝对可以让人深刻理解C型行为风格员工。C型行为风格的员工多半很注重规则和流程，他们相信数据和事实，喜欢在正式的场合一本正经地进行沟通。和C型员工沟通，管理者务必要够专业，能就事论事。最好的方式是管理者拿得出数据和证据，表明自己的观点是有理有据的，C型员工就容易认可。但是如果管理者没有充分的理由，不要和C型员工进行辩论，他们一般情况下是不会妥协的。

在职场中，往往一时还难以判断沟通对象在DISC中属于哪一类进而采用与之相适应的沟通方式，那就要大概清楚沟通对象是外向性格还是内向性格，是开放阳光型还是封闭阴暗型，是积极向上型还是消极悲观型。调查发现，大多数性格内向、柔弱、悲观、依赖、懒惰的人，其沟通效果较差，而性格外向、强健、乐观、独立、勤奋的人，往往沟通效果较好。例如，当管理者和一位性格内向的人沟通时，会发现自己在用尽全力阐述一件事情，花费了大量的时间和精力，而对方却没有给出有效的信息反馈。但是当管理者和一位性格外向的人沟通时，通过双方的及时交流，事情会很快得到解决。

不管职场中每一个员工是什么性格特质，管理者在沟通中都要注意，对不同类型员工要选择不同方式进行沟通，由此获取不同类型员工的真实想法。这在团队协作之中十分重要，因为团队执行力的评价依据是任务完成的质量和效率，只有良好的沟通才能最大限度地发挥团队中每个人的人力资本能力，从而不断推动任务执行到位。

除了对不同行为风格、不同性格类型的人采用不同的沟通方式以外，还要对工作流程中上级、同级、下级人员做好上行、平行、下行沟通。不同行为风格、不同性格类型的人在上行、平行、下行沟通中都会遇到。优秀的管理者会刻意训练自己提升职场三种类型沟通的能力，在这里我们结合案例以场景的形式对三种类型沟通进行描述。

第一种场景是最常见的，是管理者和员工之间的沟通，也被称为下行沟通。管理者和员工之间一定要沟通，只有这样才能让执行力得到保障。沟通是管理者和员工交流的方法，更是管理员工的方式。在企业中，执行力需要靠沟通维持，管理者和员工进行沟通所激发的就是个体执行力，个体执行力是个人正确完成任务的能力。管理者和员工之间的沟通直接决定了员工的个体执行力是高是低，是强是弱。很多情况下，员工出于某种原因不主动与管理者沟通，管理者就要主动去沟通，因为只有上下级保持沟通才能够确保任务的顺利部署及实施。

下行沟通具有艺术性，可以灵活多样。比如下级晚上加班了，第二天早上管理者一到公司就到加班员工的座位旁，拍拍其肩膀道一声“昨晚辛苦了”。一句看似简单的话语或一个肢体动作，让下级心里暖暖的，他会体会到上级的真诚关心。下行沟通的目的就是影响员工的行为，要让员工们心情愉快地执行任务、完成任务。下行沟通还会用到表扬和批评。表扬与批评也是非常有艺术性的。总体讲要遵循古人的教诲，“扬善于公庭，规过于私室”。表扬要在庙堂之上，要在众人面前，批评就必须在私下，不能让第三个人听到、看到。如果在众人面前批评一个人，轻则使其产生负面情绪，重则自己亲手创造一个敌人。我见到过两个真实案例，都源于批评，但是产生了两种完全不同的效果。一个通过批评展现了领导者的魅力和智慧，被批评的员工与他成为好朋友，从此不离不弃，忠诚追随这位领导，能力和工作业绩不断提升，三年后被提拔重用。另一个也是通过批评，让员工从此“不离不弃”，但不是忠诚追随，而是不辞职、不接受调动，就留在这个单位，大错不犯，小错不断，只要上级来检查，就一定会去告状。

第二种常见的场景是管理者与管理者之间的沟通，我们称为平行沟通，也可以说是同级沟通，又或者称为团队与团队间的沟通。在职场上，平行沟通是三类沟通中最困难的一类。而平行沟通非常重要，是构建组织立体执行力必备的要素之一，特别是在构建战役执行力时，部门与部门之间的沟通效果往往起到决定性的作用。所以，优秀的组织要破除厚重的“部门墙”，破除“部门墙”的前提是部门与部门之间的沟通无障碍。那为什么平行沟通是最困难的呢？因为在企业的日常运营当中，每个部门都是一个独立的单元，各自都有工作任务、业绩指标，平日里各忙各的，沟通也基本上都是对上和对下。另外，平行部门都处在一个平台，很多方面都是内部竞争关系，这些都是造成平行沟通困难的原因。在一个组织里，平行沟通能力强的干部往往是晋升速度最快的。原因有以下三点。一是干部晋升需要上级、同级和下级三个层级赞同，特别是上级和同级的认可是必备条件。一般来说，业绩好、能力强、人际关系和谐是干部晋升的必备条件。业绩好不好可以完全靠数据分析说话；能力强不强一方面靠业绩说话，另一方面看解决困难的能力；人际关系是否和谐无法用数据等客观因素作为依据，只能是别人的主观感觉的反馈，或者说是别人主观感觉判断的陈述。与同级干部和谐相处不仅能够帮助管理者获得同级们的认同，而且影响到上级对管理者的评价，更影响到下级对管理者的评价。另外，一个能够与同级别干部和谐相处的人，在工作中遇到困难需要其他部门支援的时候，往往非常容易。特别是本书提出的战役执行力，其重要因素之一就是参战的各团队之间的平行沟通顺畅高效。

第三种常见的场景是管理者和上级领导的沟通，即上行沟通，又称向上沟通。上行沟通常见的形式是请示和汇报，有些时候两者又会交叉在一起。向上沟通还有一种情况是说服上级。向上沟通的这几个方面都是有学问的。我们先来说说请示。从执行的角度讲，在职场上，下级要有担当，要敢于执行，因此不该请示的地方不要请示，请示就意味着推卸责任。但是有些工作要求或者内容超出了管理者的职责范围，或者是管理者在执行某项工作任务时需要上级提供某方面的支持，这些时候管理者就需要向上级请示，得到上级的明确指示后，按照上级的指示完成工作任务。前面我刚讲了请示就意味着推卸责任，而管理者应该有担当，因此请示工作的时候只能给上级出选择题，不能给上级出问答题，要给上级提供两种以上的备选方案，这些方案融入了管理者的思想，也就体现了管理者的担当。再来讲讲汇报。第一，汇报工作前一定要做好充分准备。第二，汇报工作一定要有成果，任务还没有完成也必须要有阶段性的成果。第三，汇报工作涉及的数据一定要准确，有些工作一定要用数据说话。第四，汇报工作要条理清晰、层次分明、语言简洁、表达准确。在实际工作中会经常出现请示和汇报交叉在一起的情况。这个时候除了要满足前面讲的请示和汇报的要求外，还要特别注意，对上级的指示进行确认，在比较复杂的情况下甚至还要分类确认。在工作中会遇到这样一些情况，比如某项工作需要这样去执行，而上级不同意；有些工作需要上级调动资源，而上级犹豫不决；有些工作需要上级参加，而上级不乐意参加；等等。这些时候，就需要具备说服上级的能力。和上级沟通，上级处于强势位置，管理者处于弱势位置，要根据上级的状态采用不同的说服方式或者说服艺术，比如要灵活运用以退为进、迁就、迂回、同理心等。下面这个关于晏婴的故事能给我们很多启发。

晏婴是春秋末期齐国著名的政治家。有一年，齐国受到严重的自然灾害，众多百姓生活艰难，而国君却无动于衷。晏婴就琢磨着找个机会说服齐景公，请齐景公从国库中拿出一些粮食和衣物帮助百姓过冬。晏婴一直在寻找机会，终于等到一连下了三天大雪，天气非常寒冷，于是晏婴就进宫觐见。晏婴进宫后，并没有直接说出自己的想法，而是和穿着狐裘的齐景公一边烤着火，一边闲谈。在闲谈中，齐景公随意说："你说怪不怪，这么大的雪连下了三天，我怎么没有感觉到冷呢？"晏婴不紧不慢地说："大王坐在内宫，衣服穿得这么厚，又有炭火取暖，当然不会感到寒冷。难道外面缺衣少食的穷苦百姓也不会寒冷吗？"齐景公知道自己说错了话，哈哈笑了几声，想遮掩过去。而此时的晏婴却紧紧抓住这个机会不放，恳切地进谏说："臣听说古代贤明的君主，都善于推己及人。自己吃饱了，就会想到别人是否也能吃饱。自己穿暖了，就会想到别人是否也能穿暖。自己生活安逸了，就会想到别人是否还在劳累。现在大王只想到自己，却没有想到百姓，这跟古代贤君的做法不是有所背离吗？"然后将百姓受灾的实情禀报给齐景公，齐景公受到触动，马上采纳了晏婴的谏言说："你说得很对，我接受你的意见！"齐景公下令将国库里贮存的衣服和粮食，派人分发给挨冻受饥的百姓。

五、五种因素：影响沟通的效果

人与人之间相处最宝贵的是真诚、信任和尊重，而这一切的桥梁和纽带就是沟通。沟通是人与人之间思想和信息的交换，是将信息由一个人传递到另一个人的传播过程。不管是在生活、学习，还是在工作中，人与人之间的良好沟通都是不可或缺的。但是我们也会发现，有的人沟通效果好，有的人沟通效果却差强人意。是什么原因影响了沟通？通过近几年的数据积累和调查分析，我发现这些问题可以归因于以下五种因素。

1. 语言因素

语言是人际沟通和信息传播的重要工具，是一套音义结合的符号系统，其用途在于传达信息，实现人与人或部门与部门、组织与组织之间的交流和沟通。由于人们语言修养上的差异，虽然使用同一种语言，对同一信息的理解却会产生差异。例如“中国队大败美国队”，不同的人对这句话的理解就会不同，有人会理解为中国队输给了美国队，而有的人却理解为美国队输给了中国队。不仅如此，在沟通过程中如果发表观点的人表达能力不佳——词不达意、口齿不清，或者用词模糊，接收人也会难以准确把握对方的真实意思，从而造成信息失真，其结果就表现为沟通失败。

2. 情绪因素

心境影响人的思考力，心态影响人的表达力。情绪状态是影响沟通效果的重要因素。一个人在心境不佳的时候往往需要自我调节，不要去思考问题。一个人在心态不好的时候也需要自我调节，不要去和别人沟通事情。人在激动状态下，思考力和表达力都会严重下降，这是不以人们的意志为转移的客观事实。人在情绪激动的时候一定要等到平静下来再去沟通，特别是在听到反面意见或者受到批评的时候，一定要先冷静，再思考，最后表达。

在大多数时候，人们不一定遇到激动情况下的沟通，但是情绪不佳的时候是经常会出现的。人们在情绪不佳的时候说出来的话往往也会带有情绪，而带有情绪的语言表达可能不准确，比如消极、夸张、抵触、言不由衷、词不达意、不知所云等。

情绪因素是面对面沟通时最常见的影响因素。情绪反应有时会影响甚至阻挠信息的传递，直至阻碍沟通。情绪的产生可能源自人们对沟通主题的成见，也可能源自人们内心的情绪。每个人都有喜爱、讨厌、迷恋、忠诚，以及其他人类所具有的丰富情感。要知道任何事物都可能使人们产生不同的情绪，如厌烦、鄙视、喜欢、欣赏、无所谓等。这些反应可能是无意识的，你也许不知道它们对沟通所产生的影响，但是不可否认的是，在进行沟通的过程中必须将这些感情因素所带来的影响考虑在内。例如“我请你吃饭”这样简单的一句话，由于情绪不同，产生的效果可能也不同，要从对方在说这句话时所表现的情绪中判断对方真正要表达的意思。

3. 环境因素

沟通会受到环境因素的影响，面对不同的沟通内容、不同的沟通对象要选择与其相适应的环境，如果不相适应，沟通效果会受到影响。比如，对于一件比较严肃、重要的事情，通常都会安排在比较正式、安静的环境中进行沟通。反之，如果安排在一个嘈杂的环境中，那么沟通效果可想而知。比如上行沟通，一般要在正式场合，或者是在没有其他人干扰的环境中进行。如果是下行沟通，环境范围的选择就非常宽泛，大多数情况下仅仅依据内容选择，于无形当中与下级沟通，往往效果甚好。所以，在职场沟通中，往往要根据沟通的主题、沟通的对象选择与之相适应的沟通环境。

4. 外观感觉因素

外观感觉因素包括表情、着装、肢体动作。沟通有两大忌讳，一是面无表情，二是言不由衷。人们不愿意面对一个面无表情的人说话，所以不管与任何人沟通都要和颜悦色，要面带微笑。一个满脸微笑的人与你说话，你不想说话都会说，面对一个面无表情的人，原本想说的话都不愿意说了。

职场沟通对着装是有潜在要求的。服装要得体是总要求，具体还要根据不同场合、不同对象、不同沟通内容决定着装。正确着装是对别人的尊重，同时透露出你对这次沟通的重视程度。这无疑都会对沟通效果起到作用。

肢体动作在沟通过程中的作用通常在50%以上。这是由于肢体动作所表达的内容给人留下的印象常常会超过语言表达，所以在沟通的过程中头的动作如点头、偏头、仰头，手的动作如握拳、双手交叉、双手合十、双手摊开、双手插兜、双手抱臂，坐的姿势如端坐、仰坐、歪坐，腿摆放的姿势如双腿交叉、双腿分开、双腿并拢等，都会给对方不同的感受。肢体语言不仅能传达信息，还能让人感受到你的修养和沟通态度。

5. 交流因素

有很多时候我们会发现在沟通的过程中，往往是一个人在说，特别起劲，而另一群人在听，特别茫然。换句话说，你在说，对方在听，但缺少及时有效的交流。你并不清楚你想表达的意思、你的情感对方是否准确无误地理解了，只有有效的互动和交流才能使双方保持在同一个频道上。所以，在工作沟通中，正向交流非常重要，并且有利于达成共识。

比如，你在和某人沟通时，不管说的是否正确，对方只是闷着头，面无表情地听你侃侃而谈，你会有什么样的感觉？就算说的是很有趣的事情，对方毫无交流的态度也会让你不得不尽早结束对话。但是，如果对方能够及时与你交流相关的信息，你心里又会是一种什么感觉？要做好有效沟通，实时、适时的信息交流是必不可少的。

再比如，某事业单位领导月初接到上级电话指示在月底前完成关于 YYY 调查报告，领导马上拿起电话就把任务交给了 A 部门负责人，A 部门负责人也与上级领导确认了任务内容和要求。当时 A 部门正在开展 XXX 相关情况研究，领导交办的调查报告与部门正在开展的研究有一些类似，在撰写这个调查报告的时候，具体执行人擅自按照自己的理解，增加了许多不该应用的材料，最后写出来的调查报告和结论与领导的要求产生了巨大差距。期限到了，把报告交给领导，领导看到 A 部门交上来的调查报告，大发雷霆，质问 A 部门负责人："你们是怎么做工作的，我要的是这个吗？我要的明明是关于 YYY 的调查报告，你们写的什么？”领导非常生气，立即把这个任务交给其他部门。

这个例子告诉我们，在工作沟通中，会有很多因素影响甚至是干扰，这就需要及时交流。交流的目的是在对沟通信息进行确认的同时及时纠正出现的偏差或者误解。

在工作中常用的反馈方法就是汇报。上面的例子中，如果 A 部门负责人及时向领导汇报工作进展情况，及时纠正，就完全不会出现上面的尴尬局面。

上面讲了五种因素会影响沟通效果，要想在实际工作中，在没有把握好五种因素的时候保证沟通效果，就必须要在沟通中聚焦目标，以减少各种不利因素对沟通的影响。

如何聚焦目标？生活或者职场中 80% 的问题都需要通过沟通来解决，沟通的前提是清晰地告知对方此次沟通的目的。例如在家庭沟通中，关于周末旅游的话题，最终夫妻双方的落脚点是要聚焦，要确定本周末去哪旅游以及旅游的物资准备等。例如在职场沟通中，有关市场开拓这个问题，沟通是聚焦于市场在哪里、精准目标客户是谁、用什么方式让客户感受公司的产品、如何打动客户下单采买公司的产品等。但在现实中，我们也会发现很多企业会议开始的时候很聚焦，不知道什么时候被哪个发言人带着转换了话题，然后大家慢慢离原本的讨论主题越来越远。竟然从市场开拓延伸到要引进一个信息化管理系统，把分散的部门资源集合起来，成立研发中心，开始做客户分析……对吗？对，但是离本次讨论的主题十万八千里。

很明显这次沟通没有聚焦最初讨论的话题，沟通失败。

六、六层漏斗：如何降低沟通信息衰减

曾任通用电气公司董事长的杰克·韦尔奇说：“管理公司的秘诀是——沟通、沟通、再沟通！”曾任英特尔公司 CEO 的安迪·格鲁夫说：“领导公司成功的方法是——沟通、沟通、再沟通！”因此也有很多人总结说，管理就是沟通。为什么他们都对沟通如此重视？这是因为在企业管理中，失去了沟通企业就无法运营，而沟通中往往会出现信息层层衰减，导致执行大打折扣。

前面我提出个体执行力三要素，理解是其中之一。而达成理解的唯一途径就是完整、准确的沟通。而现实工作中，即使大家都明白了这个道理，在实践中也会去完成沟通闭环，理解并确认任务内容，但还是有些时候、有些工作执行会出现问题，原因是什么？是因为沟通漏斗现象，漏斗会将信息层层漏掉，到执行的层面已经完全不是原始信息。沟通漏斗如图 5－3 所示。

沟通漏斗呈现的是一种由上至下信息逐渐衰减的趋势，因为漏斗的特性就在于“漏”。为了便于理解，我在图 5－3 中用绝对数值表达，实际工作中不一定呈现这样的数据。对管理者来说，如果心里想的是 100%，在员工面前、在开会时用语言表达想法时，已经漏掉 20% 了，说出来的只剩下了 80%；而当这 80% 进入员工的耳朵时，由于文化水平、知识背景等因素的影响，只剩下了 60%；实际

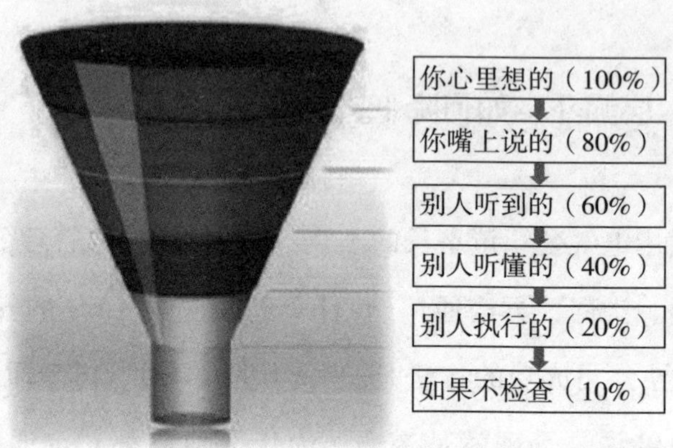

图5-3　沟通漏斗

上，真正被员工理解了、消化了的大概只有40%；等到员工们按照领悟的40%具体行动时，已经变成了20%；此时如果对执行不监督、不检查，对任务执行过程不过问、不了解，那么原本的信息到执行落地的时候可能只剩下了10%。

试想一下，如果交办的事从100%到最终完成时变成10%，这差距也太大了，执行出现了严重问题。所以，管理者有必要掌握一些沟通技巧，争取让这个漏斗漏的越少越好。

如何降低沟通信息衰减？职场沟通有多种形式。大会沟通、一对一交流、邮件沟通、文件沟通等都是可以选择和组合运用的沟通形式。“我说你听，你说我听”便是最好的降低沟通信息衰减的方式。让对方重复自己说的话，看对方是否理解到位。只有理解到位，才是良好沟通的开局。管理者还要明白不管采用哪种沟通方式，要学会持续沟通，反复强调。原因有四。

第一，不要认为某事已经讲过了，就没有更多沟通的必要了。殊不知多种形式的反复沟通，更利于统一认识，让指令及计划的相关重点深入团队成员内心。在执行过程中，持续沟通会使偏离目标的可能性降低。

第二，不要认为嘴上讲过了，就没有必要再以书面文件或邮件等形式沟通。殊不知口头的沟通可能会“左耳进右耳出”，缺乏书面文件及邮件沟通的严肃性。最重要的是留痕处理，提醒自己也提醒员工。

第三，不要认为大会上已经讲过了，单独沟通就没有必要了。当然，很多会议开始前，已经做了个别沟通。但即使是这样，管理者还是要知道每位团队成员对于会议上最终决定的理解、团队成员的敏感性、知识技能，其所面临的执行环境、执行条件都存在极大的差异，而这些差异会导致执行力不同。很多时候，员工在公众场合可能人云亦云，管理者还要与其单独交流，再次确认其是否对于任务理解到位。

第四，在关键节点上要做到沟通。每一项执行计划及指令，都有关键节点，以及影响执行成效甚至成败的关键绩效点，这是管理者们需要强化管控的重中之重。所谓的过程管理与结果管理、放权与授权之争论，在这里都会归于一点。管理者们需要关注的最重要的一点，就是强化在过程中这些节点及关键点上的沟通。比如，在一个时间节点快来临时，向团队成员强调重点、沟通进度、梳理困扰、答疑解惑，并给予相关支持。在关键节点，沟通执行过程中出现的问题，掌握进度，强调标准与要求。

管理者说的和员工听的有差距，员工听的和员工想的又有差距，员工想的和员工做的又有差距，如此一来，原本的任务也就不能如期如愿地完成了，所以一定要注重有效沟通。企业沟通属于管理学范畴，它是基于企业生存与发展而客观存在的一种人心管理和信息管理。沟通最常用也最为有效的方式就是说话。下面对“说”做四个方面阐述，以增强我们对“为执行而说”的理解。

（1）对谁说。

说话前，一定要弄清楚站在你对面的人是谁。最基本的原则是不越级报告、不跨级指挥，但可以越级聆听意见。沟通主体不能错位，必须明确某一事项的沟通主体是谁。找对了主体，问题很好解决，没找对主体，可能会耽误时间，造成沟通不及时，甚至是问题得不到解决。企业管理中的沟通主体主要包括个人与个人、个人与部门及部门与部门。三个方面的沟通层次要分明。个人与个人主要是小问题提醒等简易沟通，也有领导对下属的任务安排及工作要求。个人与部门分为个人对部门和部门对个人，个人对部门一般存在于领导向下级部门下达任务、进行培训等，部门对个人就相对正式，有谈话、任命、工作安排等。部门与部门是处理公司内部需要协调处理的事项，属于企业较高级别的正式沟通，表现形式通常为会议、研讨、汇报等。

（2）何时说。

这个就比较难把握，要具备一定的管理经验才能确认时机是否正确，主要就是把握好最佳的沟通时机。有的问题要在会议上公开说，有的可以在非正式碰面时说。打个比方，在总经理办公会上讨论个别员工迟到早退的问题显然不合适。在讨论薪酬问题的时候，突然提出公司的战略发展方向问题，显然也不合适。再比如，当某位员工在压力非常大的时候，即使犯了一点错误，此时也不要马上提出批评。

（3）说什么。

这也是对沟通能力的考验。说什么不能简单理解为就事论事。简单的事情说复杂了，主题不明确；复杂的事情说简单了，问题得不到深刻分析；紧急的问题说得不严肃，会造成处理延误；一般性的问题说得过于严肃，会造成不必要的紧张，甚至产生不良后果。这就需要对沟通的内容进行分析，再进行分类甄别后，有条理、有计划、有目的地进行沟通，才能把内容说清楚，使被沟通者完全接收并理解信息，从而达到沟通目的。

（4）怎么说。

说话时要有同理心，要换位思考问题。换位思考是卓越领导者常用的一种思考方式。一个团队的带领者要带好这个团队，要做的就是理顺人心，让人心情愉快地工作。理顺人心的最佳切入方法就是换位思考，也就是同理心沟通。组织中受到普遍爱戴的领导者都很重视别人的感受，最快、最直接的感受是通过说话传递的。

具体来讲，在说话的时候要针对不同的人群，用不同的语气、语调、音量、音色，包括肢体语言的配合等技巧和方式，站在对方的角度去思考、选择表达的方式。和知识分子说话就要选择知识分子能够接受的方式，知识分子反感的是打官腔，说空话、说大话；和农民说话要让农民感到亲切，要把想说的话变成农民的话，要让农民听得懂你说什么；和新生代员工说话，要进入他们的语言体系，要用一些“新新人类”“火星人”的语言，效果会让你惊讶。说话的目的就把你的意思表达清晰，让人更愿意听，而且让听众按照你的想法去行动，所以说话的方式方法也要因人、因环境而异。特别是当下属工作出现失误时，管理者一定要站在下属的角度，理解下属当时的心情，用关切的语言、语气分析这次工作失误的原因，研究如何避免这种情况再次发生，帮助出现工作失误的下属提高能力、建立信心，然后明确这次工作失误的严重性。这样沟通的话，虽然你批评了下属，但下属的心里是舒服的，这样的批评不仅没有产生副作用，反而让下属从此死心塌地、心甘情愿地追随你。

第六章 战略性人力资源管理

企业战略目标的实现依赖一系列功能性战略规划，而在这一系列功能性战略规划中，人力资源战略规划最重要。人力资源战略规划只有与企业战略相匹配，才能发挥人力资源的作用，帮助企业实现战略目标。

人力资源战略规划首要的任务就是构建符合企业长远发展要求的企业文化。虽然企业间的文化有各种各样的差别，但是有一个共同点是企业文化都特别重视互相信任。在构建组织立体执行力的过程中，这种彼此信任的企业文化就显得更为重要。因此，建立彼此信任的文化是企业文化建设的抓手。一个没有建立彼此信任文化的企业是无法生存的，更不可能发展壮大，基业常青就更是痴人说梦。打造互信环境、建立互信文化虽然是人力资源战略中企业文化建设的抓手，但是第一责任人是一把手。企业的一切问题都是CEO的问题，在CEO去质问他人之前，首先要审视自己。CEO不仅是建立信任文化的第一责任人，更是构筑组织共同价值观的第一责任人。组织的CEO除了要担起构筑组织共同价值观的责任，还要清楚期望的组织行为规范是什么，能否成为大家共同遵守的规范。如果希望组织部门间、团队间、成员间互相欣赏、互相信任，那CEO必须做好榜样。如果CEO整天只会批评其他人，那互相欣赏、互相信任就缺少环境和土壤。没有互相欣赏，互相信任会更难，没有互相信任的企业文化做保障，组织成员如何齐心协力奔向一个目标？

一个互相欣赏的团队是否存在？我的答案是绝对存在，但对CEO要求很高。在几十年的管理实践中，我曾经打造出多个高绩效团队，也培养了不少成员，有好几位成员后来的能力和职位都超过了我。我总结出了很多带领团队的经验，但最基本的一条就是让团队成员互相欣赏、愉快工作。下面是我曾经带领的团队中的一位骨干在接受一家咨询公司访谈时说的原话。“我曾经很幸运，在一个非常优秀的团队里面历练了两年。团队工作效率很高，我和所有同事的感觉都很好。每个人都愿意协助他人，最难得的是自动自发地帮助别人，看到别人的不足，不但不会袖手旁观，不会拿来说事，反而会主动帮助别人，去弥补其不足的地方。这种工作环境让每个人都高高兴兴上班来，快快乐乐回家去。当时团队领导者给每个成员的感觉是包容度很高，他永远都在鼓励大家，特别推崇合作，我们的团队精神非常强。作为教练，他不强调个人的成功，只表扬团队的成功。同时他与我们一起打拼，教练式领导者给团队成员的感觉特别好。要知道，当时我们所在的企业面对的外部市场环境并不乐观，但我和其他伙伴们总觉得有很多动力，现在想来我们就是把压力变成了动力，这就是高效团队。”

企业战略的实现最终要依靠人力资源战略的支持，人力资源战略需要通过全体员工来实现，企业的全体员工是构成企业生产力的根本，没有人，科学技术是无用的，是没有办法发挥作用的。

只有抓住了人这个生产力中活的灵魂，才能谈其他，这也是人力资源管理重要性的根源。人力资源管理如何在战略执行过程中做出自己独特的贡献？本章从战略性人力资源管理，人力资源管理中的“选”“聘”“育”“用”“升”“汰”来分析人力资源管理在构建组织立体执行力中的作用，最终让人力资源战略与企业战略达到最佳的匹配度，以支持企业战略的实现。

一、人力资源战略的制定依据

企业战略制定了以后，最重要的事情就是制定与之匹配的人力资源战略。也就是说，人力资源战略的制定依据是企业战略。如果企业采用的是波特竞争战略，那么相匹配的人力资源战略会有三种相应的形式，如表6－1所示。

表6－1　与波特竞争战略相匹配的人力资源战略

波特竞争战略	一般组织特点	人力资源战略
成本领先战略	• 持续的资本投资 • 严密监督员工 • 严格的成本控制，详细的成本控制报告 • 低成本的配置系统 • 结构化的组织和责任 • 产品设计以制造上的便利为原则	• 有效率的生产 • 明确的工作说明书 • 详细的工作规划 • 强调具有技术上的资格证明与技能 • 强调与工作有关的特定培训 • 强调以工作为基础的薪酬 • 使用绩效评估当作控制机制

续 表

波特竞争战略	一般组织特点	人力资源战略
差异化战略	● 营销能力强 ● 产品的策划与设计 ● 基础研究能力强 ● 公司以质量或科技领先著称 ● 公司的环境可吸引高技能的员工、高素质的科研人员或具有创造力的人	● 强调创新性和弹性 ● 工作类别广 ● 松散的工作规划 ● 外部招募 ● 基础的团队培训 ● 强调以个人为基础的薪酬 ● 使用绩效评估作为发展的工具
集中化战略	结合了成本领先战略和差异化战略组织的特点	结合了上述人力资源战略

资料来源：赵曙明．人力资源战略与规划［M］．4 版．北京：中国人民大学出版社，2017.

不难理解，当企业采用成本领先战略时，主要是通过低成本来争取竞争优势，因此严格控制成本和预算是关键点。为了配合低成本的企业战略，此时的人力资源战略强调的是通过有效率的生产、详细的工作规划等来减少不确定性，所以并不鼓励创新性。

当企业采用差异化战略时，其核心在于通过创造产品或者服务的独特性来获得竞争优势。因此，这种战略的一般特点是具有较强的营销能力，强调产品的设计和研究开发，公司以产品的质量著称。此时的人力资源战略则强调创新性和弹性、基础的团队培训，以及以个人为基础的薪酬等。

当企业采用集中化战略时，企业战略的特点综合了成本领先战略和差异化战略，相应的人力资源战略也将根据企业的实际情况，结合上述两种人力资源战略，做折中处理。

如果企业采用的是迈尔斯和斯诺的企业战略，那么相匹配的人力资源战略也有三种形式，如表6－2所示。迈尔斯和斯诺的企业战略有三种类型，即防御者战略、探索者战略和分析者战略。防御者战略指企业寻求的是整体市场中的一个狭窄、稳定的细分市场，而不是成长。探索者战略则是指企业通过不断寻找新产品、新市场或新服务，发掘新的商业机会。在这种战略下，企业资源主要用于鼓励创新以及获取难以在组织内部发展的能力。分析者战略是指企业同时在稳定的和动荡的产品市场上经营，它们往往是其经营领域的领导者，但不是变革发起者。对应于企业的防御者战略、探索者战略和分析者战略，企业应当采取相互协调的人力资源战略。

表6－2　与迈尔斯和斯诺的企业战略相匹配的人力资源战略

迈尔斯和斯诺的企业战略	组织要求	人力资源战略
防御者战略 • 产品市场狭窄 • 效率导向	• 维持内部稳定性 • 有限的环境分析 • 集中化的控制系统 • 标准化的运作程序	累积者战略：基于建立最大化员工投入及技能培养 • 获取员工的最大潜能 • 开发员工的技能
探索者战略 • 持续地寻求新市场 • 外部导向 • 产品/市场的创新者	• 不断陈述改变 • 广泛的环境分析 • 分权的控制系统 • 组织结构的正式化程度低 • 资源配置快速	效用者战略：基于极少的员工承诺和高技能的利用 • 雇用具有目前所需要的技能且可以马上使用的员工 • 使员工的能力、技能与知识能够配合特定的工作

续 表

迈尔斯和斯诺的企业战略	组织要求	人力资源战略
分析者战略 • 追求新市场 • 维持目前存在的市场	• 弹性 • 严密和全盘的规划 • 提供低成本的独特产品	协助者战略：基于新知识和新技能的创造 • 聘用自我动机强的员工，鼓励和支持技能的自我开发 • 在正确的人员配置与弹性结构化团体之间进行协调

资料来源：赵曙明．人力资源战略与规划［M］．4 版．北京：中国人民大学出版社，2017.

当企业采用防御者战略时，与其相互协调的人力资源战略是累积者战略。累积者战略是基于建立最大化员工投入及技能培养，充分发挥员工的潜能。当企业采用探索者战略时，企业最优的人力资源战略选择是效用者战略。效用者战略是基于极少的员工承诺和高技能的利用，企业将招聘熟手，他们具有目前企业发展迫切需要的技能，是可以马上投入岗位并能很快产出效益的员工。当企业采用分析者战略时，与其对应的人力资源战略是协助者战略。协助者战略是基于新知识和新技能的创造，鼓励并支持技能的自我开发。

我们会发现，不管企业采取什么战略，人力资源管理要始终与企业战略相匹配。人力资源管理是企业发展的基础，企业战略是企业发展的导向，对企业来说，两者都很重要，两者中任何一个出现不足或偏差，都会影响到企业的可持续发展。那么企业是应当考虑人力资源现状及未来趋势来制定企业战略，还是先制定企业战略，再以企业战略为导向来提升企业的人力资源配置呢？我们不妨先来探求一下人力资源管理与企业战略的关系，如表6-3所示。

表6-3　　人力资源管理与企业战略的关系

关系类型	人力资源管理活动	人力资源管理部门的地位	人力资源管理部门对企业战略的参与	后果
行政关系	孤立的人事日常事务处理	较低层次服从	无机会，不参与企业战略制定和实施	停留在人事管理的水平，企业战略难以有效实施
单向关系	人力资源部门根据企业战略制定和实施人力资源战略	中高层次服从为主	参与企业战略实施，不参与企业战略制定	由于没有参与企业战略制定，企业战略不能成功实施
双向关系	在制定企业战略过程中提出建议，将人力资源问题包括在内，实施企业战略	较高层次服从和建议	既参与战略制定，也参与战略实施	彼此相互依赖，较好地保证战略制定，企业战略能成功实施
一体化关系	人力资源管理活动完全融入企业战略制定、实施中	决策层决策、执行	持续、完全地参与企业战略的制定、实施	使企业在竞争中处于有利地位，保证企业战略的成功实施

资料来源：赵曙明．人力资源战略与规划［M］．4版．北京：中国人民大学出版社，2017.

（1）人力资源管理状况是制定企业战略的出发点。

企业在制定战略时，要评估企业人力资源现状，并根据企业内外劳动力市场预测未来企业的人力资源配置状况。企业所制定的战略应当具有一定的高度，这样才会具有挑战性，才能激发员工的奋斗热情。然而，企业战略的制定，不能超越合适人力资源管理实践所能达到的水平。同时，在实施企业战略的进程中，企业要及时总结，并根据实际的人力资源配置状况的动态变化，对企业战略进行调整、改进。超越现实的企业战略对企业来说毫无意义，甚至会削弱员工的热情。而对企业来说，定位过低的企业战略往往失去了其导向功能，很难激发员工的潜能。

在前面章节中我曾举例一家人力资源企业制定了三年发展战略，三年到了，实际情况却与预期相差甚远。在这里我们从一个新的角度继续探讨。这家公司制定的三年发展战略规划，从目录上看，有SWOT① 和 PEST② 分析的痕迹，全篇内容是基于 BLM（业务领导力模型）设计的规划，看不出有什么结构问题。而与公司部分人员进行访谈后，我发现问题出在了人力资源管理上，公司现状与战略匹配度极低，或者说几乎无法匹配。这也导致企业把战略挂在墙上，员工都认同，但工作时无法将其落到实处。

企业战略与人力资源管理的契合是一个组件的需求、目标和结构与另一个组件的需求、目标和结构一致。这里的组件分别指企业战略和人力资源管理。学术界通常将契合分为两种类型，即纵向契合和横向契合。其中纵向契合主要指组织战略以及环境与人力资源管理系统的契合，横向契合主要指其他战略支持子系统和人力资源管理系统契合。纵向契合与横向契合共同构成了企业战略与人力资

---

① 波士顿矩阵，是一种战略分析方法。SWOT 分别代表 Strength（优势）、Weakness（劣势）、Opportunity（机会）和 Threat（威胁）。

② PEST 为一种企业所处宏观环境分析模型，PEST 分别代表 Politics（政治）、Economy（经济）、Society（社会）和 Technology（技术）。

源管理契合的关键维度。很显然，这家公司的战略规划既少了纵向契合也少了横向契合。

（2）人力资源管理实践是实现企业战略的途径。

企业的人力资源管理实践要紧贴经营战略，通过专业化的手段与方法，为企业提供优质的人力资源服务（选、聘、育、用、升、汰），以实现对企业战略的强有力支撑。企业人力资源管理对企业战略的支撑分别体现在战略、管理和操作三个层面。战略层面，在人力资源要素的约束下，企业确定自身发展的战略目标，并在此基础上制定人力资源战略规划；管理层面，企业要善于将人力资源战略规划细化，并制定出具体的人力资源管理活动方案，同时确保制定出的方案具有战略一致性和可操作性；操作层面，企业精心组织并实施人力资源管理活动方案，同时对方案的实施过程进行控制、监督、分析和评价，及时找出问题并予以调整，以保证企业经营战略最终实现。

综上所述，企业战略与人力资源管理，分别从两个不同的角度促进或引导企业的可持续成长与发展。企业要想在激烈的市场竞争中获胜并保持优势，企业战略与人力资源管理需要彼此协调、匹配，而要实现两者之间的协调与匹配，便需要两者时常进行双向、深入的“沟通”。人力资源战略与企业战略匹配是关键所在。

以上内容介绍了与波特竞争战略（成本领先战略、差异化战略、集中化战略）相匹配的三种人力资源战略，与迈尔斯和斯诺的企业战略（防御者战略、探索者战略和分析者战略）相匹配的人力资源战略，人力资源管理与企业战略的四种关系类型（行政关系、单向关系、双向关系、一体化关系）。下面，我们从人力资源战术上具体分析如何将人力资源管理工作与构建组织立体执行力密切结合，把人力资源工作做到位。

二、人力资源管理中的“选”

企业在招聘人员的时候，都希望自己招揽入职的是人才，最害怕那些没有工作态度、能力又不足的人混入公司。选人最难的是透过表象看到人的价值观。社会招聘时需要根据所应聘的岗位胜任力要素、绩优人员特质等方面甄别应聘者。我认为企业招聘人员，要建立一个基础指标，符合基础指标要求的人选才能进入下一个环节。那基础指标如何建立？根据多年的研究，我认为基础指标应聚焦在责任意识、沟通能力、执行意愿，我把这三项基础指标称为职场三块基石。员工有了这三块基石，其他能力都能够快速培养和提升。下面探讨一下如何考察员工是否具备了这三项基础指标。

1. 考察其责任意识

责任意识是员工的首要素质，也是稳立职场的第一块基石。具有责任意识的人对交给他的任务，会努力完成，如果有困难，也会想尽一切办法克服。那怎么考察呢？在面试环节中，不妨设计代入感极强的问题。从三个方面来考察应聘者的责任意识，即对自己负责、对家人负责、对组织负责。在考察应聘者的责任意识时多用行为事件面试法，问话要极力做到“STAR”，要将情境（Situation）、目标（Target）、行动（Action）、结果（Result）一一问清楚。也就是每一个问题、每一个真实的经历都要包括：①发生的时间、地点、项目和涉及的人员；②要完成的任务或遇到的问题；③自己采取了哪些步骤或行动；④得出了什么样的结果，取得了什么成就。这四大方面内容缺一不可，且必须完整。面试题举例：“请告诉我一件发生在上学时候的事情，你觉得在这件事情上最能反映出你的责任心。”然后按照步骤依次追问下去就能得出结论。

考察一个人的责任心还有一个简单有效的方法，就是看他是否对自己负责，对家人负责。一个对自己都不负责的人，很难想象他会对工作负责。考察对家人负责是为什么呢？根据多年跟踪和大数据分析，我们得出的结论是，对家人负责的人与怀有感恩的心态成正比，与企业文化适配度成正比。任正非就特别重视华为员工要对家人负责。

责任意识与心态密切相关。很多时候不是员工没有行动，而是员工常常抱着试一试的心态，一旦遇到打击、挫折，就会胆怯、恐惧，畏首畏尾、缩手缩脚，不敢继续前行。后来不自觉养成拖延、找借口等习惯，最终导致执行的力度不够，结果可想而知。执行力第一层就是不管多复杂艰巨的任务，先做再说。第二层就是不达目的不罢休，这个世界不缺少有才华的人，真正缺少的是脚踏实地认真做事的人，而不达目的不罢休的人就更少了。第三层就更厉害，是越不可能的事越要去做。简单来说就是，一要想到就去做；二要排除万难出结果；三要敢于挑战不可能。没有强大的责任心做引导、做支撑、做保障，恐怕很难坚持到底。

2. 考察其沟通能力

沟通是助力执行力的手段。不管是个体执行力还是团队执行力，沟通都是至关重要的因素。个人沟通能力强就容易准确理解所执行的任务，如果团队中的每一位成员沟通能力都强，那这个团队的执行力一定不会差。团队与团队之间协作顺利，很大程度上得益于沟通顺畅。沟通是优秀企业、高绩效团队的员工们的行为习惯。

如何考察应聘者的沟通能力是我们要解决的问题。我建议多用情景面试。比如给出一个场景："对于一项任务，你发现直管领导和上级的思路不一致。直管领导倾向于采用 A 方案，而上级领导坚持采用 B 方案。而 A 方案与 B 方案的设计思路截然不同，没有相同之处，非 A 即 B，非 B 即 A。请问你如何向两位领导汇报？如何开展工作？"这种问题没有标准答案，培训机构也很难训练。沟通能力强的人会充分考虑两位领导的感受，以不让领导产生矛盾为出发点，努力寻找两位领导都能接受的共同点，在左右逢源中曲线前行。这道面试题考察应聘者在工作中的沟通能力。再比如，给出这样一个场景："出于嫉妒、羡慕，你成了无辜'躺枪'的那位，隔壁部门领导各种使坏，就是害怕你比他晋升得快。平日里，你多采取避而远之的策略，但是最近有一个项目，必须由你所在部门和他所在部门协同完成，这个时候你会怎么处理？"依然没有标准答案。生活中，可能因性格、习惯不同，价值观差异，人们可以老死不相往来。但是在职场中，因为工作的需要，各种人都有可能在一起合作，沟通能力强的人会以工作为重，主动沟通，以合作完成任务为目标，不会因为个人因素影响工作。

3. 考察其执行意愿

职场上极重要的能力是执行力。前面讲过，个体执行力组成了团队执行力，团队执行力又组成了组织执行力。企业希望招聘的都是执行力强的员工。当今社会变化太快，在学校中学习的知识有 1/3 能在职场中得到运用就算不错了，其他知识已经落伍。执行意愿强的人首先是主动学习的人，这样的人会在进入职场以后根据工作需要快速吸收新知识，学习新技能。现在，认定人才的三大核心能力是学习能力、思维能力和创新能力。考察应聘者执行意愿的面试题给出这样一个场景："一个新任务，没有任何人做过，没有人有过类似的经验，如果领导交给你去做，你如何开展工作?"执行意愿强的人在面对一个从来没有做过的事情的时候，有完成这项任务的决心，把过去的相关知识快速转化为完成这项任务所需要的技能，同时向前辈学习讨教，请同事们出谋划策，努力寻找完成这项任务的办法。

责任意识、沟通能力、执行意愿是我们选择新员工的基础指标，那么具备了这些基础指标后是不是就一定要聘用呢？我的回答是不一定。能否聘用，还要对执行力进行深入考察，要把执行力作为新员工入口的标尺。

三、人力资源管理中的“聘”

现代社会中最重要的就是人才，一个企业想要崛起，就一定要有优秀的人才。我们看重人才的什么呢？不仅是他的智商、情商如何，更重要的是他的执行力如何。组织执行力是实现组织战略的基本保障，而组织执行力由每一位员工的个体执行力汇集而成，所以招聘人才时要把执行力作为录用的标尺。那么执行型人才除了具备责任意识、沟通能力和执行意愿外，还应该具备哪些素质和特征？如何才能从众多应聘者中找到他们？我们需要进一步考察以下几点。

1. 理想信念

林肯表示：喷泉的高度不会超过它的源头，一个人做的事情也是这样，他的成就不会超过他的信念。

对于新生代员工而言，他们更懂得金钱是什么。金钱只是一个人事业的副产品，如果没有自己的一份事业，没有自己职业生涯的成长，未来不可能拥有更多。德国著名哲学家尼采被认为是西方现代哲学的开创者，也是语言学家、文化评论家、诗人、作曲家、思想家，他曾经说过：“当一个人知道自己为什么而活，那他就可以忍受任何一种生活。”换个角度来理解，也可以诠释为当一个人知道自己的职业规划路径，那他就可以忍受一切工作带来的磨砺。

2. 心态

一个人的做事意愿会因为心态的变化而变化。在这个世界上，没有人是一帆风顺的，总会遇到这样或那样的挫折，没有平常心，人就很难坚持到最后，做事情更难善始善终。在职场上，人的价值就在于帮助企业成长，帮助企业解决大大小小的问题。所以不管我们遇到什么困难，都要把这些困难当作对心智的磨炼和升华。只有具备了良好的心态，我们才能在遇到执行困难的时候不屈不挠，积极应对，战胜困难，完成任务。

3. 能力

南宋理学家张栻在《论语解·序》中讲道："始则据其所知而行之，行之力则知愈进，知之深则行愈达。"意思是一个人刚开始的时候，是根据自己对事物的认知程度在做事情，在实践中又进一步提升自己的认知境界。随着自己的认知不断加深，做起事情越来越容易达到目标。从某种程度上说，世间很多能力都存在一个积累的过程，有一个临界点，过了临界点，就会发生质的变化。掌握的能力越强，做事情越容易达到目标。能力是执行的最终保障，没有能力，计划再完美、心态再好、意愿再强，都等于零。当然，执行意愿强的人会积极主动去努力提升自己的实际执行能力。执行力在这里不仅是指自身的能力，还有借助于外力的本领，正所谓："君子生非异也，善假于物也！"

职场如赛场，每个人都在努力，有暗自较劲的，也有站在路边为领先者喝彩的。每个人的执行力不一样，执行力强的，竞争力就强。对于个体而言，执行力等于竞争力。竞争力从做好本职工作开始，个人能力有强有弱，当能力还没有成长起来时，要先从小事开始做起。完成好交代给自己的每一项任务，不要因完成小任务带来的小成就沾沾自喜，要有远大的抱负与志向。总而言之，既要仰望星空，有远大的抱负，又要脚踏实地，认真负责，从身边每一件小事做起。不要好高骛远，大事做不了，小事不想做，最后只能一事无成。

华为轮值 CEO 徐直军对新员工说："不管你过去多有本事，也不管对自己的定位有多高，到了一个新的工作岗位，都应该以一个'学徒'的心态，从一件一件容易的事情做起。"

稻盛和夫告诫新员工说："与其寻找自己喜欢的工作，不如先喜欢上已有的工作；与其追求幻想，还不如爱上眼前的工作。"同时他提倡在人才上进行"实力主义"考量，就是不考虑年龄和阅历因素，直接提拔真正的有才之人；而受到提拔重用的经营者，完全以其个体能力和品德水平为标准，根据其所发挥的才能和所创造的业绩情况，来确认其能担任何种职务。

员工作为组织的基本单位，做好自己力所能及的事情是组织获取竞争力的重要保证。员工的执行力等于其竞争力，而所有员工的执行力之和就是组织竞争力。所以人力资源管理部门，为组织招聘执行型人才是非常重要的工作，价值不可估量。

四、人力资源管理中的“育”

企业培育人才有多种方法和途径，其中主要包括培训、压担子、轮岗。我认为，“用”是最好的培育方法。关于“用”的问题，我们在后面专门做比较详细的论述，这里重点就培训、压担子及轮岗进行讨论。

1. 培训

企业培训一般分为员工培训和干部培训。员工培训往往注重规章制度、业务能力、操作技术等方面，也有些企业关注执行力、沟通能力、职场礼仪等方面。干部培训往往注重领导力、团队带领能力、沟通协调能力、项目管理能力等方面。对企业来讲，这些培训都需要，也很重要。不过从构建组织立体执行力的角度来思考，我认为企业的培训必须抓住两点：一是文化认同，二是执行力提升。

第一，关于文化认同。企业文化是企业的遗传基因，优良的基因是保证企业健康发展、基业常青的必备因素。说得通俗一点，就是只有文化认同的人在一起才能开心做事。

想达成文化认同要对新入职员工进行培训。对于新入职员工的培训首先要重视的是企业文化培训，一定要在短时间内让新员工对企业文化有一个全面理解，然后要帮助其接受并落实在行动中。比如很多企业将立刻行动作为企业文化中的行为规范之一。执行就是行动，行动力是个体执行力的起点，动都不动，不可能有执行力，更不可能有成果产出。行动力的培养就是对每一位员工的实干精神的培养。许多企业里都有这样一群人，高谈阔论，摆花架子是好手，但让他们脚踏实地地完成任务，就找不着人影了，组织执行力也会因为这些人而大打折扣。我们需要宣传行动文化的理念，让员工以行动为荣，以清谈为耻。看得出问题是水平，解决得了问题是能力。在公司里，所有人都应该能发现问题并解决问题。没有建设性的意见，只有对于现状的无奈、对于现状的吐槽，全都是不够职业的表现，实质是缺乏实干精神。如果在新员工培训的时候就发现了哪位员工有以上毛病，那就毫不犹豫决定不聘用。从这个角度看，新员工的文化认同培训要在试用期就开始进行，不要等到正式聘用以后才开始，那时如果发现文化不认同后再解雇就比较麻烦。再比如很多优秀的企业文化把沟通作为行为规范之一，这是因为沟通是决定执行力和立体执行力的重要因素，因此新员工入职后也要刻意培养他们的沟通意识、沟通技巧，让其把沟通作为职业行为习惯。

第二，关于执行力提升。执行力提升对员工和干部都是需要的。我在前面章节中论述了组织中的高层依然需要很强的执行力，组织战略和文化的执行主体就是高层。为了便于清晰理解，这里我主要对执行中的目标管理和结果导向两个方面进行讨论。

（1）目标管理。

目标管理是以目标为导向，以人为中心，以成果为标准，使组织和个人取得最佳业绩的现代管理方法。目标管理亦称成果管理，俗称责任制，是指在企业每一个员工的积极参与下，自上而下地确定工作目标，并在工作中实行“自我控制”，自下而上地保证目标实现的一种管理方法。

目标管理的具体做法分三个阶段：第一阶段为目标设置；第二阶段为过程管理；第三阶段为总结评估。

第一阶段，目标设置。这是目标管理最重要的阶段，第一阶段可以细分为四个步骤。一是高层预定目标。这是一个暂时的、可以改变的目标预案，既可以先由上级提出，再同下级讨论，例如 KPI（关键绩效指标）；也可以先由下级提出，再经上级批准，例如 OKR（目标和关键成果）。无论哪种方式，必须共同商量，最终达成共识。二是重新审议组织结构和职责分工。目标管理要求每一个分目标都有确定的责任主体。因此预定目标之后，需要重新审查现有组织结构，根据新的目标分解要求进行调整，明确目标责任者和相关联者。三是确定下级目标。要明确告知下级组织的规划和总体目标，然后商定下级的分目标。在讨论中上级要尊重下级，耐心倾听下级意见，帮助下级分析确认目标。分目标要具体量化，便于考核；分清轻重缓急，以免顾此失彼；既要有挑战性，又要有可实现性。特别要关注部门与部门之间交叉任务能否无缝对接，每个员工和部门的分目标都要和其他的分目标协调一致。四是上级和下级就实现各项目标所需条件以及实现目标后的激励事宜达成协议。分目标确定后，要授予下级相应的资源配置权力，实现权责利的统一。很多企业给了员工责任，却忘记了向员工授权，也忘记了向员工明确“攻下堡垒”

后的奖励是什么。

第二阶段，过程管理。目标管理重视结果，强调自主、自治和自觉。但这并不等于领导可以放手不管，相反，由于形成了目标体系，一环失误，就会牵动全局。领导在目标实施过程中的管理是不可缺少的：首先要进行定期检查，利用双方经常接触的机会和信息反馈渠道自然地进行；其次要相互通报进度，便于互相协调；最后要帮助下级解决工作中出现的困难和问题，当出现意外严重影响组织目标实现时，也可以通过一定的手段和程序，修改原定的目标。

第三阶段，总结评估。目标任务完成后，下级首先进行自我评估。然后上下级一起考核目标达成情况，决定奖励内容。同时讨论下一阶段目标，开始新循环。如果目标没有达成，应分析原因，总结教训，切忌相互指责，以保持相互信任的人文环境。总体而言，目标管理要做到服从目标、服从变化、服从结果。

（2）结果导向。

企业在员工培训中要帮助员工建立以结果论英雄的理念。我们不妨培养员工的逆向思维能力，即不是方法决定目标，而是目标决定方法。企业经营，只要结果。每个人都要为自己承担的工作负责，为结果负责。

麦肯锡公司的一项研究发现，那些不优秀的上班族们有一个共同特点，就是每天早上把应该在家里完成的事情带到公司里来做。到了公司后，首先去厕所，然后喝咖啡、刷网页、看微信，在完成了这一系列事情后，才开始工作。结果导向是倡导每个人都把当天的事情在当天完成，还要尽快完成。因为每个人都可能面临被分配临时任务的可能性，所以迅速行动、完成任务是最重要的。海尔公司倡导 OEC 管理法，就是日事日毕，日清日高。每一天把分内工作完成，做出成果，绝不拖延到明天，甚至还要把第二天要干的事情计划好，以便第二天可以尽早开展工作。

组织的培训要有一条明确的主线，主线就是执行力，执行力的最终目标就是结果，所有的课程设计安排都要围绕这条主线展开。在培训员工期间，还应该有不同的管理干部参与。管理干部应参与新员工的培训，一是与新员工拉近距离，进一步了解他们，并建立起良好的沟通关系；二是在参与结果导向的培训课程包括讨论、情景演练时，起到示范带领作用，这样能够提升培训效果；三是相关的管理干部参与培训给下一步能否正式聘用员工提供了很重要的依据。同时，管理干部参与新员工培训，能够与员工联络感情，并提升新员工对公司的信心。当然提升执行力不仅仅是培训的要点，企业要把执行力纳入企业文化建设，对其高度重视，把新员工培训作为建立执行力文化的起点。

2. 压担子

压担子更多时候是针对优秀人才，期望优秀人才迸发出更大能量。压担子对促进优秀人才的快速成长非常有效。乔布斯就非常喜欢用施加高强度压力来培养和发现人才，促进人才快速成长。一般来讲，人才都具备一定的潜力，这些潜力有时候其本人都不知道。

通过压担子把这些优秀人才的潜力激发出来，既成就个人也成就组织。但是能不能对一个优秀人才压担子取决于两个方面的因素，一是这位优秀人才的抗压能力，二是领导对压力的把控。

第一，抗压能力。大部分优秀人才都具备一定的抗压能力，他们抗压能力的强弱直接影响到对他们施加工作压力的强弱。抗压能力强就能接受高强度的压力考验，在高强度的压力下迸发出巨大能量，克服难以想象的困难，最终实现目标，完成任务。但是这种能够接受高强度压力的人才毕竟只有少数。抗压能力弱就接受不了高强度压力，这个时候不仅激发不了潜能，反而会将这位优秀人才逼走，甚至发生不可预测的严重后果。

第二，压力把控。给人才施加压力要适度，不然就会出现把人才逼走的现象。实际工作中优秀人才之所以成长为优秀人才，就是因为其在此过程中接受过一次又一次的压力考验。优秀人才来到职场中，往往都会自己制定具有一定挑战性的目标，自己给自己施压，所以领导在给他们施加压力的时候要充分考虑到这一点，给他们的压力要适度，不然会适得其反。

3. 轮岗

轮岗也可以说是多岗位锻炼。想提拔一名高管，最好也让其具备多岗位的任职经历。从企业管理角度讲，企业要想高速运转，还需要各个部门协作配合。而现实当中，各部门间因扯皮产生内耗的现象几乎是家常便饭。轮岗可以使 A 部门负责人亲身体验一下 B 部门的工作，这样才能真正站在更高、更广的角度上思考企业全局性问题，更好地把握公司总体战略目标，培养换位思考的习惯，促进协作精神的提升。轮岗是培养复合型人才的不二办法。

五、人力资源管理中的“用”

企业发展需要用人，用能人，用人就离不开“德才”二字。司马光认为，“才者，德之资也；德者，才之帅也”，“进取之时，取人以才；守成之时，取人以德。为国家者，进取莫若才；守成莫若德。进取不以才则无功，守成不以德则不久”。司马光的教导对我们今天用人仍然具有指导意义。不管是进取还是守成，核心能力都是执行力。一个人德才兼备固然非常理想，但是现实中这样的人非常稀缺。所以用人不能求全责备，遵纪守法是底线，在这条底线之上，只要有能力就应该大胆使用。在遵纪守法的底线之上，衡量用人的条件，执行力是最重要的指标。

用人要敢于打破惯例，破格选人用人，对人才委以重任。用人是对人才最好的培育，也是留人的手段。特别是对于优秀的年轻人，不要求全责备，要避免“浴池效应”，要有“不拘一格降人才”的魄力。“浴池效应”是指一般人上街时都要穿戴得整整齐齐，如果有人胆敢赤条条地在大街上乱跑，大家一定认为他是个精神病人。但当大家都泡在浴池里的时候，如果有人穿着整整齐齐，也会被认为是精神病人。优秀的年轻人常常具备敢于质疑、否定、批判等创新特质，要敢于给这样的年轻人试错的机会，或许奇迹就会发生。

把人用好还有一个前提，就是要对人有准确认识，除了必须清楚人的德行，还要清楚人的长处和短板。从执行力的角度讲，主要还是从执行效果最佳的方面考虑，那就必须发挥员工的长处，回避其短板。千万不要让员工去补短板，补短板事倍功半，把长处发挥好，事半功倍。木桶理论告诉我们桶能装多少水取决于短板的高度，因此有很多管理者要求短板员工尽快提升自己的能力，达到和团队其他人一样的水平。我认为这不是最佳选择，最佳选择是换一块合适的板子，把这块比其他板子短一些的板子用到和它一样高的地方去，这叫能岗匹配，而不是人岗匹配。

苹果公司能够登上世界舞台，与乔布斯独特的用人方式有着直接关系。乔布斯十分重视人的抗压能力，进入苹果公司工作的人必须可以扛住高压，做出成果。乔布斯本身就是一个抗压能力超强的人，他还“逼迫”自己公司的人员发挥极限创造力，不断“逼迫”员工意识到没有最高，只有更高，不断创新。在他还在世的时候，苹果公司做到年年创新。乔布斯认为人和人才的区别在于抗压能力不同，创造能力会在受到压迫的时候不断发挥出来。在苹果公司，人才都是要能扛住压力的，很多有能力的人，因为工作的失误、压力的负重，选择离开这个世界著名公司。而扛住压力的人才，留在公司里不断超越自我，为公司创造价值，与公司共同成长。

在 1998 年公司内部会议上，当时乔布斯给予副总裁杰夫巨大的压力，要求他在三个月内，把苹果公司的服务业务翻新，过于强大的压力让杰夫任期才满四个月就离开了。经过高压冲击，只有真正有才干的人才能获得高位，而能力稍弱的人只能留在压力适中的岗位。可见，苹果公司筛选人才、培育人才、淘汰人员的方法之一是施加工作压力。

乔布斯用人，十分重视以用代练。最为经典的例子就是乔布斯在一次工作会议上提出，未来要让苹果笔记本变得轻薄，轻薄到可以把笔记本电脑用文件夹装好带走。他给员工设定了这个极为困难的任务。虽然“逼”走了很多有能力的人，但是也寻找到了可以完成这项任务的宝贵人才，最终让一个超前的想法变成了现实。通过攻克一个又一个看似不可能的难关，他大脑里一个又一个创新想法变为现实。他要求所有人都时刻保持积极创新的状态，否则随时都有被淘汰的风险。

乔布斯用人的原则是“兵在精，将在谋”。在他的观点中，一个出色的人才可以顶替五十名平庸的员工。他不断发掘具备极强执行力的人才的潜能，并把人才的潜能激发出来，让人才最大限度地发挥出创造力。

乔布斯用人，十分重视团队协同能力，即个人和团队间的配合。由于苹果公司内部普遍认同，这种协同已经成为大家的习惯，所以常常展现的是“1 +1 >2”的结果。虽然乔布斯聘用的大都是来自著名高校的优秀毕业生，但在决定聘用时还很重视考察其是否具有合作精神。他还会特意聘用一些看似和 IT 领域无关的学者。乔布斯在他的时代就熟练运用现在十分流行和提倡的跨领域融合。

乔布斯用人，赏罚分明，成功规避了用人五忌。赏罚分明就不用介绍，用人五忌是中国古代就有的智慧。一忌得人不培。韩愈《杂说四·马说》中说，“是马也，虽有千里之能，食不饱，力不足，才美不外见，且欲与常马等不可得，安求其能千里也?”二忌拥人不任。《战国策·秦策五》中说，“国亡者，非无贤人，不能用也”。《左传·襄公二十六年》中说，“虽楚有材，晋实用之”。三忌任人不信。欧阳修曰：“任人之道，要在不疑。宁可艰于择人，不可轻任而不信。”四忌激励无方。北齐·颜之推《颜氏家训·慕贤》中说，“用人之力而忘人之功，不可”。五忌用人不当。《新唐书》中说，“不才者进，则有才之路塞”。《三国志·吴书》中说，“非才而居，咎悔必至”。

六、人力资源管理中的“升”

升职是每一个员工盼望的事情，当一个企业进入发展期以后，干部队伍将是决定性因素。企业要尽早筹划干部队伍建设，做到未雨绸缪。在实际中，很多企业由于对干部队伍建设没有做到未雨绸缪，当进入快速发展期的时候，干部青黄不接的问题就凸显出来。在与很多企业老板讨论干部队伍建设的问题时，我发现，普遍存在到使用干部的时候才发现可用的人选奇缺的现象。企业要明确员工的升职通道，并且要建立多条升职通道，要让每一位员工都能看到希望。特别是在如今的 VUCA 时代，各种不确定性常常让员工很迷茫，明确升职通道会给员工指引明确的方向，有利于员工心无旁骛，在自己确认的方向笃定前行。在企业内部开启晋升通道，让有潜力的员工一直有希望、有盼头，实现一个目标，前面还有更高的目标在召唤。

很多企业在干部不足的时候，往往用高薪挖来别家的人才。这种办法会有一定的作用，但不是最好的办法。原因主要有两点。一是引进外来管理人才会让老员工产生挫败感，甚至出现“招来女婿气走儿”的现象；二是会因为文化融合的问题给公司带来创伤。比较好的做法是先在公司内部选择，在确实没有合适人选的情况下再从外面寻找。内部人选即使比外面选聘的人员差一点也无妨，宁可付出一些代价帮助内部选聘的人员在一定期限内提高能力水平，也不要因为外部人选能力强一些而聘用后带来更多不确定性。有人会问那如何理解“鲇鱼效应”?“鲇鱼效应”是针对公司里由于长期居于舒适区，没有了新鲜感和活力，甚至养成了惰性，更缺乏竞争意识、竞争力的一类人，这个时候就需要引入“鲇鱼”，制造一种紧张氛围，刺激这类人产生紧迫感、产生活力、产生内驱力，重新以积极进取的状态投入工作。

公司一定要给那些有潜力、积极要求进步的人开启一扇门，包括建立内部竞聘机制、进行内部选拔等。提拔干部不同于前面讲的员工招聘前的筛选，要对拟提拔的人选做更深入的考察评价。我认为作为企业的管理干部，核心能力应该是领导能力。个体软实力是领导力之源，个体软实力的十六项指标中重要的前七项是愿景能力、做人能力、自我认知能力、沟通能力、识人能力、“处人”能力、用人能力。从外面引进的人才，很难对他的这七项能力有准确把握。

公司还要做好一线员工的职级、职务晋升工作，这项工作是人力资源部门一项非常重要的工作内容，要建立晋升机制，保持常态化。每年都必须要进行一次，让达到晋升条件的员工按时晋升。也可以是半年一次，更能及时满足符合条件的员工的晋升需求。谁可以晋升？谁不能晋升？其标准何在？重要依据是该员工的绩效考核结果。虽然要根据不同岗位设置不同的评价要素，但关注的核心点必须是执行力带来的工作成果，工作成果直接证明员工的执行能力。企业里的晋升要以结果为导向，让结果说话。培训时强调的以结果论英雄是让大家建立的理念，提拔干部时以结果论英雄是具体兑现、落实。

企业晋升机制的设置要力求公平、公正、公开，同时可以设计相对合理的竞争性机制。要让每一个岗位的员工都清楚晋升规则，知道如何按照规则去要求晋升，依照完善的晋升流程提交申请，等待公司公平的决定。评审组在评定执行力的同时，要注意考察员工的潜能是否能够满足公司未来战略发展的需要。在晋升之后，员工的综合素质会提升，这是由于新岗位的难度增加、机会增加，更能发挥出力量。由于原先岗位的限制，员工无法发挥出全部的力量，在新岗位上，员工的力量可以完全发挥出来。对于企业而言，先要做到人岗匹配，这是人才价值发挥作用的基本条件，再进一步把人才的价值发挥到极致，实现人力资本价值的最大化，做到能岗匹配。能岗匹配是人岗匹配的核心。

七、人力资源管理中的“汰”

企业与人才的关系永远是一个生命周期里发生的故事。选、聘、育、用、升、汰是常事。很多企业不重视“汰”这个环节，认为员工不管是被解雇还是自己主动离职，总而言之他就不再是企业的员工，所以对于这个环节很多时候草草了之。

优秀的企业会与离职员工友好告别，而且会建立并利用“老友会”与其保持联络，我们对离职人员进行有温度的管理有如下价值。

管理价值。员工为何离职？当真是他口中所说的各种冠冕堂皇的理由吗？很多时候我们会发现，除了个人原因，除了直接领导的原因，组织里存在的种种问题都会导致其离开。真诚交流、交心可以找到员工离职的真实原因，如果是组织的原因，为组织的改进提供了依据和参考，这就具有了管理价值。对于人力资源管理部门而言，可以防患于未然，及时提出改进方案，有效预防下一位核心员工流失。

品牌价值。离职员工在友好的氛围中告别雇主，自然会对原雇主保有一份感情，对外提到原雇主的形象和理念时，多会用褒义词、中性词。在企业中工作了一段时间，特别是核心员工，一般深谙原雇主文化及经营理念，自觉或不自觉受到了熏陶。他们自身还保有原雇主企业的形象，在新的企业、新的岗位上的出色表现也会折射出原雇主的企业文化之光。通用电气被外界称为“CEO 的摇篮”，离职的核心员工们把其光芒带到后来的岗位中，这就在无意识中起到了品牌推广的作用。

信息价值。公司友好地处理与离职员工的关系，可以与其保持长久的联系。因为他们中的很多人具有丰富的行业知识和行业经验，而且跳槽出去多半还是会选择在原来的行业工作。同行业总是有相通的地方，信息交流、技术借鉴、联合投标等都是有可能发生的，特别是能共同分享行业信息，让行业信息发挥最大作用。

人才价值。有部分员工离职是由于个人阶段选择，如怀孕期女员工、哺乳期女员工、搬家的员工等。一旦过了这个阶段，曾经的离职员工就是公司未来再招聘时的合适人选。数据表明，与雇用新员工相比，企业再次雇用离职员工的成本仅为前者的一半。最关键的是，由于价值观相同、企业文化的认同，“吃回头草的老马”的效率比新人高出一半。所以，与离职员工告别要格外重视，要建立与离职员工常态化联系机制，定期送些温暖。

人力资源管理对于企业来说有着非常重要的战略性。一个企业要想在同行业中获取领先优势，就要有人力资源的支撑。关键岗位上的人员是企业运营的骨骼，而掌握了企业核心技术，以及可以以战略性发展眼光来看待企业未来的人都是人才，对于企业来说就是大脑。职能层的员工是血液，管理层是中枢神经，基层员工和管理层共同支撑起企业运行。

综上所述，不论是战略性人力资源管理，还是人力资源管理中的选、聘、育、用、升、汰，全部都要围绕组织战略的顺利实施，而战略能否如期顺利实现，取决于组织的执行力强弱，在 VUCA 时代更是取决于组织的立体执行力强弱。构建组织立体执行力需要组织高层有清醒的认识并身体力行、积极推动，人力资源部门要采取具体措施，特别是要让所有的管理层干部认识到立体执行力是 VUCA 时代支撑企业健康发展的有效方略之一。

后 记

一定要写出来

本书终于要出版了。我对执行力和立体执行力已研究近 20 年，对领导力研究近 30 年，这当中我把部分重要观点开发成了培训课程，无论是在各类企业干部培训班、北京大学继续教育学院等高校干部培训班，还是在北方工业大学 MBA（工商管理硕士）课堂，基本都得到认同和鼓励。有好几位教授和许多学员都建议我把这些年的研究成果整理出版，我也觉得这是一件应该做的事情。2018 年年初开始码字，到年底基本完成了初稿，中国财富出版社有限公司也表示愿意出版这本从立体视角研究执行力的拙作。无奈当时所在企业处于变革当中，累心累力，自己虽到退休之年，然尚未脱俗，无法超然静心修改，终稿迟迟未能完成。由于近期一个非常特殊的原因推动，白加黑连轴转，终将拙作呈现了出来，也算完成了职业生涯的一件大事。因时间太紧迫，书中难免有诸多瑕疵甚至错误，还请读者海涵并不吝指教。

关于执行力的著作林林总总，本书能否有一席之地，这是我在整个撰写过程中一直没有彻底排解的纠结。我一边敲击键盘一边想着怎样让读这本书的人一读就懂、一看就会。如果有缘读到它的人能够喜欢并反复研读，而不是看过就放在一边，那将是我的荣幸。本书的立体执行力、立体执行力同心圆模型、执行力三要素、立体执行力与人力资本、人力库与人才库、流程对组织立体执行力的影响等观点都是我的拙见，仅供读者朋友参考、检验、批判。假如某个观点对读者朋友有一点点帮助或者让你产生了共鸣，我心甚慰。

北京大学萧鸣政教授是我非常敬仰的导师，每次见面他都会给我很多教导。当我向他表达期望他能为本书作序的想法后，萧教授欣然应允，给了我莫大的鼓舞，也感受到前辈对我的悉心关照。借此向箫教授表示深深的谢意！也借此感谢我的同事左燕彦、李东晓、张铭洋在本书撰写的过程中所给予的帮助。

张 钧

2020 年 12 月